POÉSIES

PAR

Constant HOUILLON,

(Sous-Bibliothécaire.)

CAMBRAI,

Imprimerie de LESNE-DALOIN, Libraire.

1834.

Y

POÉSIES.

POÉSIES

par

Constant HOUILLON,

Sous-Bibliothécaire.

———

Tout ce qui chante ne répète
Que des regrets ou des désirs,
Du bonheur la corde est muette.

Alph. de Lamartine.

Cambrai,

Imprimerie de LESNE-DALOIN, Libraire.

———

1834.

L'impression de ces Poésies n'était pas encore terminée, lorsque la mort vint frapper l'infortuné jeune homme qui en est l'auteur, et lui enlever la triste consolation de mettre la dernière main à une œuvre qui renfermait l'histoire de sa vie, d'une vie qui devait sitôt finir !.... Lui qui pensait n'avoir fait encore que préluder pour quelques amis, et qui, par de longs travaux, avait amassé, pour ainsi dire, tout un avenir de succès littéraires, le voilà déjà devant la postérité ; qu'il nous soit permis du moins, en attendant qu'elle prononce sur le jeune poëte, de lui rappeler quel il fut.

Constant Houillon naquit à Cambrai en l'année 1805; dans les études qu'il fit au collége de cette ville, il se distingua surtout par son goût pour la poésie latine, et par les succès qu'il obtint dans cette branche de l'instruction; sans doute, c'est à cet amour du langage d'Horace et de Virgile, à cette connaissance approfondie qu'il avait de leur versification, que l'on doit ses *Recherches sur les poètes latins du Cambrésis*, ouvrage qui fut couronné par la Société d'Emulation de Cambrai, il était alors sous bibliothécaire en cette ville, et déjà plusieurs de ses poésies avaient été publiées quand il mourut le 21 juillet 1834, à l'age de 29 ans.

Sa vie avait donc été toute simple, elle n'avait été signalée par aucun de ces événemens qui frappent le monde, et pourtant, il ne mourut pas d'une mort vulgaire ; emporté par un cœur trop ardent, par une sensibilité extrême, il chercha dans le monde une ame qui comprit la sienne.............. Et lorsque toutes les illusions se dissipèrent, lorsqu'il fallut voir l'espèce humaine telle qu'elle est, et non telle qu'il l'avait rêvée; dès lors, il faut le croire, son existence ne fut plus qu'une longue agonie; ainsi, tout un drame s'était accompli en lui, et ce drame, il l'a écrit dans ses souvenirs d'amour, il l'a écrit jusqu'au bord de sa tombe, d'où son cœur trouva encore assez de force pour faire entendre les plus touchans adieux que l'amour et la religion aient inspirés.

— Et moi j'ai pardonné !.. Celle dont l'inconstance
A flétri sans remords la plus douce existence,
Celle dont les sermens, comme un songe trompeur ,
Se sont évanouis loin, bien loin de son cœur ,
N'a pas vu sur son front, ma voix accusatrice
Pour venger mes tourmens, invoquer un supplice ,
Non , j'ai prié... pour elle! et mes derniers adieux
Pour moi l'aimer encor, l'ajournent dans les cieux !

(VIIIe *Souvenir.*)

L'ENVIE.

A M'. H. W**.

C'est l'ouragan qui, furieux
A mesure, éteint chaque étoile
Qui se hasarde dans les cieux.

VICTOR HUGO.

Celui, qui n'a jamais, au milieu de la vie,
Senti ses pleurs couler, ou son ame frémir,
Ni transmis ses pensers au superbe avenir,
N'a jamais aiguisé les poignards de l'envie.

Heureux l'être insensible, il coule en paix ses jours!.
Dans sa molle indolence il semble se complaire,
Le vent souffle,.... et semblable à la feuille légère,
Il s'envole sans nom, sans gloire, et sans amours.

— Donnez-moi des pinceaux (s'écrie en son délire
L'infortuné Gilbert, talent bien jeune encor),
« Laissez-moi tout entier à mon sublime essor,
» Donnez-moi des pinceaux... donnez, je veux écrire. »

Mais, sur son front brillant d'avenir et d'ardeur,
Se penchant à demi, son seul ami.... son père :
« Réprime, ô mon cher fils, cet élan téméraire,
» Tu veux donc à tout prix provoquer le malheur ?...

— « Des pinceaux !!» — et déjà, sa muse harmonieuse
Étincelle,... flétrit, foudroie en vers sanglans,
De ses tyrans ligués, la fureur envieuse,
Au sein des voluptés fait pâlir les méchans.

— Ami, vois-tu ce monstre.... à la bouche écumante,
A l'œil hagard et louche ?... il se lève et son bras,
A cru frapper de mort, cette muse naissante...
La postérité, dit qu'elle ne mourra pas !

Trop sensible peut-être aux assauts de l'outrage,

Gilbert, a vu passer son rêve de grandeur,

Et mourant lentement, à la fleur de son âge,

Il voulut peindre encor ce qu'éprouvait son cœur.

— Sans refléter jamais un rayon de sa gloire,

Ma lyre aura jeté de fugitifs accords....

Oh! puisse un cœur du moins, recueillir sa mémoire,

La sauver de l'oubli... du triste oubli des morts!

Oui, oui je n'ai chanté que les troubles de l'ame

Sur les peines du pauvre ont coulé tous mes pleurs;

J'ai connu l'amitié, ce merveilleux dictame,

A calmé mes soucis, a guéri mes douleurs!

Amitié!!... je t'ai crue adorable et constante,

J'aurai, sous ce grand nom, bravé les coups du sort!..

Réponds moi maintenant; sur mon ame souffrante,

Le cœur que tu m'offris.... ce cœur, bat-il encor?...

Hélas! lorsque vers lui, j'allais plein de tristesse,
Implorer un soutien, dans l'estime placé;
J'interrogeais ce cœur, trop sûr de sa tendresse,
Sur lui je m'appuyais.... je l'ai trouvé glacé!

Que l'envie au teint pâle, à la bouche baveuse,
Rugisse contre moi... je souris de pitié,
Si ma muse languit et faible et douloureuse,
Je ne le dois, hélas! qu'aux torts de l'amitié.

Pour parer des méchans l'orgueilleuse insolence,
Je n'aurai point l'abri d'un modeste laurier,
Je le sais; mais j'ai là, ma froide indifférence,
C'en est assez, ami, voila mon bouclier.

— Toi, qui vas préluder aux accens de la lyre,
O chantre vierge encore, affronte les jaloux,
Souviens-toi qu'ici bas, toute âme a son martyre;
Talent, bonheur, vertu, tout, pâlit sous leurs coups.

Il n'importe, surgis!... surgis, plein d'espérance,

A peine de la vie as tu tenté le cours....

Et l'on peut sous le ciel où ton rêve commence,

Cueillir encor des fleurs, voir briller de beaux jours!.

Cambrai, 4 Avril 1852,

AUX MANES

DE WERTHER.

ODE (*).

> Ah! je voudrais que vous m'enterrassiez
> auprès d'un chemin ou d'une vallée soli-
> taire, que le prêtre et le lévite, en pas-
> sant près de ma tombe, levassent les
> mains au ciel en se félicitant, mais que
> le samaritain y versât une larme!
>
> GOËTHE (*Werther*).

Werther!!.. oh! respectez son nom, sa sombre histoire,

Werther!!.. respectez-le, jusque dans ses erreurs,

Inclinez-vous devant son génie et sa gloire....

Si vous avez passé par les mêmes douleurs,

(*) Cette ode m'a été inspirée par la seule lecture de Werther. (*Roman de Goëthe*).

Venez vous joindre à moi, léguez à sa mémoire,
    Le faible tribut de vos pleurs !

Vous, en qui la raison, à juger doit prétendre,
O moralistes froids, loin, loin de son tombeau !....
Oui, ce cœur réfroidi, peut encor sous la cendre,
S'animer et brûler d'un feu vif et nouveau...
Mais il faudrait son cœur pour savoir le comprendre,
    Et vos yeux n'ont qu'un noir bandeau.

Venez plutôt, ô vous, ames mélancoliques,
Qu'un amour sans espoir consume de ses feux ;
Ah ! du moins vous sentez ! !... venez ames pudiques,
Qui savez partager les pleurs des malheureux,
Venez rêver Werther, venez sur ses reliques,
    Pleurer un frère vertueux !

Mais quoi !.. qu'ai-je entendu? des accens formidables,
M'ont semblé tout-à-coup retentir dans les airs,

Voyez-vous se traîner ces ombres lamentables,

Les voyez-vous sortir, livides des enfers?...

Spectres souillés de sang, cadavres effroyables,

    Ils agitent encor des fers!!...

— Il fallait, pour maudir le fardeau de la vie

Se vautrer dans la fange, insulter même aux Dieux;

Et, quand lassés de tout, dans leur ame avilie,

Ils ont senti surgir, le remords furieux;...

Il leur fallut de l'or, un bonheur sans envie,

    Pour marcher fiers et radieux!..

— Il fallait à Werther, pour apaiser son ame,

Des yeux levés au ciel, baissés par un soupir,

Des regards enivrans, le mot seul d'une femme....

Tous ses jours pour l'aimer, tout son cœur pour sentir;

Mais devant lui.... le crime!!... une adultère flamme,

    Le meurtre!!!... il aima mieux mourir!

Et voila ces héros , dont la courte existence,

A , pour toute limite, un cercle ensanglanté;

Dont les sens abrutis , par l'excès, la démence,

N'ont jamais éprouvé même la volupté ,

Ce rebut infecté que la terre en silence,

      Loin de son sein a rejeté!....

Leur rage , en cris confus, redemande une proie ,

« Le suicide à nous , qu'il subisse son sort ! ! »

Ils n'osent te nommer dans leur barbare joie,

O Werther , car, ton nom consacré par la mort,

Les frappe de terreur , les glace et les foudroie,

      Du lieu même où ton ombre dort.

— Je disais :.... ces accens, sur ma brûlante lyre,

S'échappaient , résonnaient , comme un torrent

                       fougueux

Et long-temps en suspens, transporté de délire,

L'esprit encor rempli de tes pensers de feux,

J'oubliai qu'un mortel dans ton ame eût su lire....

C'était un ami généreux ! !....

Peintre immortel salut ! !... voilà bien ton image,

O Werther... la voilà !.. non non, tu n'es pas mort,

Goëthe nous a dit tes amours, ton courage....

Voilà ton désespoir, qui reprend son essor....

Charlotte ! ! !... il a passé comme une nuit d'orage,

Et son ame te parle encor !

Cambrai, 27 Juin 1832.

L'ITALIENNE.

AMITIÉ FEINTE,

PERFIDIE,

VENGEANCE.

Æternum servans imo sub pectore vulnus.

.VIRGILE.

« Que tes jours, bonne sœur, sont purs et sans nuages!

Mes rêves, sont pour toi des rêves de bonheurs,

Depuis que de l'amour, j'ai vu les tendres gages,

Se suspendre à ton cou, comme l'abeille aux fleurs ;

Depuis que dans les traits de ta jeune Marie,

J'ai vu se dessiner ton image chérie....

Ton époux est bien là.... dans ces cils allongés ;...

Mais toi, mais toi, ma sœur, sous tout ce qui respire

Dans cet enfant.... c'est toi !... pardonne à mon délire;

Oh! pardonne à l'extase où mes sens sont plongés,

Pardonne!.. hélas! pour moi, les flambeaux d'hyménée

Ne s'allumeront point, car, un présage affreux,

Vers la Madone sainte a tourné tous mes vœux....

Ma jeunesse, aux douleurs, doit tarir, condamnée;

Point d'ami !!... Je t'afflige, oh! je le sens, ma sœur,

Mais vois, vois sur mon front cette morne pâleur;

Je nourris dans mon sein une amère souffrance,

Qui mine par degrés ma pénible existence....

Ce mal, si tu savais, combien il est cruel!

Tu maudirais, ma sœur, ce ciel bleu, ce beau ciel,

Et même... Eh! quoi! tes yeux sont arrosés de larmes!

Pour ma santé, ma tante, en France, ouvre un séjour,

Espère !..... mais je dois te quitter en ce jour....

Hélas! je le sais trop, ce moment plein d'alarmes,

Redouble ta frayeur..... moi, je me sens mourir!....

Si loin!... ne plus te voir !... ah! que dis-je, une grâce,

Avant que du trépas, la froide main me glace,

Je l'implore à tes pieds, sur le point de partir :

— Laisse-moi ton enfant; qu'il vienne dans l'absence

Me tenir lieu de toi, m'offrir ta ressemblance :

Heureuse, en la voyant je croirai te revoir...

Je vous verrai tous deux !.. ces pensers de tendresse

Feront renaître en moi des momens d'allégresse ;

Ta jeune enfant, ses goûts, voilà tout mon espoir....

Je lui ferai son sort.... va, lorsque sa paupière

Viendra me révéler quelques soucis rongeurs,

Mes baisers, aussitôt, iront sécher ses pleurs,

J'aurai presqu'une enfant.... elle, toute une mère !! »

— Elle dit : mais sa sœur étouffa ses sanglots,

Un long torrent de pleurs inondait son visage,

Tout, venait l'accabler d'un sinistre présage...

Après de longs efforts, elle épela ces mots :

« M'en séparer!... grand Dieu!... t'éloigner, quel

supplice !

Que dira mon époux, tu ravis son trésor !...

. . . .

Mais va, pour ton bonheur je fais ce sacrifice...
S'il te la redemande, il en est temps encor,
Il faut la renvoyer, donne m'en l'assurance....

. . . .

Mon époux va gronder à son prochain retour. ! »
— Calme-toi, dit sa sœur ; puis, après un silence,
Détachant un anneau, gage autrefois d'amour,
Elle en para le doigt de sa sœur éplorée,
Qui couvrait de baisers sa Marie adorée,
Tandis que dans ses bras, elle, d'un air joyeux,
L'emporte en prodiguant les plus touchans adieux.
— L'époux, à son retour, fut instruit du voyage,
Vit l'anneau.... mais se tût.... cet éloquent langage
Lui rappela la foi de ses légers sermens,
Et jeta dans son cœur d'indicibles tourmens ;
Mais, ainsi qu'autrefois par sa maligne adresse,
Il parvint à voiler son idole d'amour,
A son épouse encore, il croyait chaque jour,
Sous un front rayonnant, déguiser sa tristesse,

Pouvoir, jusqu'au tombeau maîtrisant sa douleur,

Lui taire le secret d'avoir aimé sa sœur !...

Mais vers un soir un homme, à l'œil louche et stupide,

Lui remet un billet.... Tout pâle de terreur,

Il l'ouvre et lit : — « A toi. — Je me venge, perfide !

» Tu m'as tuée, et moi, je te perce le cœur.

» Ton enfant.. le poison!.. tu me comprends.. silence!.

» Tu m'avais dit, je t'aime, et j'ai cru ton amour...

» Tu m'as trahie... eh bien ! j'ai mûri ma vengeance!...

» Par Laurenzo, dis moi, je te raille à mon tour?...

» Tu poursuivras mon crime.. il n'est plus temps
                                        j'expire,

» Tu flétriras mon nom... c'est pitié, c'est délire!! »

Cambrai, le 4 Mars 1833.

L'ENFANT

ET

LA JONCHÉE.

Donnez, riches ! l'aumône est sœur de la prière.

VICTOR HUGO.

La lueur du Soleil, dans la pourpre couchée,
Dorait encore au loin le mobile horizon ;
Le Zéphyr mollement effleurait le gazon ;
L'enfant aidait sa mère à cueillir la jonchée,
Pour orner le chemin où devait passer Dieu.
Il se disait : « Demain j'irai dans le saint lieu....
» Demain, quand les oiseaux, de leur tendre murmure,

» A son brillant lever béniront la nature,

» J'irai joncher de fleurs les sentiers du hameau.

  » Suis pauvre, hélas! s'il le faut, pour ma mère,

» Offrirai ma verdure et mon plus jeune agneau....

  » Dieu recevra ma timide prière,

  » Car il est bon.... il plaint les malheureux....

  » Il nous plaindra, nous sommes vertueux !...

» Travailler à la terre, et souvent dès l'aurore,

» Jusqu'à la fin du jour ne pas avoir de pain,

» Quel destin est le nôtre!... Aujourd'hui même encore,

» Ma mère émue, hélas! me serrant sur son sein,

  » Levait au ciel ses yeux baignés de larmes,

» Je pleurais aussi, moi, j'étais tout en alarmes....

» Pourquoi pleurai-je donc?... Ah! si Dieu nous a vus,

» Nos chagrins, nos malheurs, lui seront tôt connus....

» Il aime, m'a-t-on dit, l'innocente indigence,

» Et le jour de sa fête, en ses bras caressans,

» Accueillant à la fois chacun de ses enfans,

» Sa main sur eux, féconde, épanche l'abondance..

» Oh demain, oui demain, nous verrons le bonheur!

    » Plus de pain noir, plus de tristesse....

    » Du gâteau!... des bonbons sans cesse!...

» Mais quel mal.... tout-à-coup.... vient.... déchirer

                      mon cœur...?

» Je suis bien las!... j'ai faim!... » Il dit: sur la verdure,

Que ses débiles mains arrangeaient en monceau,

Il tombe, et le doux bruit de l'onde qui murmure,

Comme une voix, l'endort sur ce riant berceau.

La nacelle légère, attachée au rivage,

Le berçait mollement, et sa mère au village

Etait allé porter le fruit de ses sueurs....

Elle revint bientôt.... puis long-temps en silence,

Contempla son enfant, objet de tant de pleurs....

« J'ai de quoi, se dit-elle, apaiser ta souffrance.

    » A ton réveil, tes yeux cherchant le jour

    » Ne viendront point alarmer mon amour!

» Dors, dors mon enfant dors, ah! du moins je respire;

» Dors cher enfant. » Mais lui, dans un heureux délire;

                           * *

Il lui tendait la main,
Croyant que c'était Dieu, qui lui donnait du pain!...

Cambrai, 27 Juillet 1851.

LA FLEUR DÉLAISSÉE.

ÉLÉGIE MÉDITATIVE.

> Qu'on la néglige ou qu'on la cueille,
> De nos fronts, des mains de l'amour
> Elle s'échappe feuille à feuille,
> Comme nos plaisirs jour à jour.
>
> ALPH. DE LAMARTINE. M. P.

Seule et triste sur cette plage
Hélas! qui n'a point de fraîcheur,
Point de verdure, point d'ombrage,
Dis, qui te jeta, belle fleur?

De ton rameau, frêle, innocente,
Qui te détacha pour mourir?...

Ce n'est point la main d'une amante,
Ce n'est point l'aile du zéphyr.

Est-ce la jeune bouquetière,
Formant au hasard ses bouquets,
Et qui, regagnant sa chaumière,
T'échappa de ses doigts distraits?

Ou bien encor, fille naïve,
Qui te cueillit dès le matin,
Et le soir s'égarant, pensive,
Te joncha le long du chemin....

As-tu prodigué, rose et pure,
Tes parfums les plus délicats;
Cédant aux vœux de la nature,
N'aurais-tu fais que des ingrats?

N'est-il plus pour toi de rosée

De rayons, ni de frais séjour ?

Déjà ta corolle épuisée,

Succombe à la chaleur du jour....

Un pied te va fouler peut-être...

Celui d'un obscur voyageur....

Viens, viens, je te ferai renaître,

Oh ! viens, pose toi sur mon cœur.

Mais qu'ai-je dit?... la voilà, qui s'effeuille

Et tombe au souffle des zéphirs ;

La voilà, qui s'envole feuille à feuille,

Comme nos projets, nos soupirs !

Cambrai, 19 Juin 1852.

L'INCLINATION.

SECRÈTE.

ÉLÉGIE.

Sentirsi, oh! dei! morir
E non poter mai dir :
Morir mi sento!

Metast.

Quel tourment de se voir et de se
contraindre.

Rousseau. Nouv. Eloïse.

« Ils ne le savent pas.... ma mère aussi l'ignore..
Je l'ai vu!... ses regards me pénètrent encore...
Mais ce bal, ces plaisirs, ont pesé sur mon cœur!
Leurs égards empressés, vile et folle étiquette
Ont troublé les instans de mon léger bonheur ;

Je n'étais plus à moi, j'étais triste, inquiette,

Et malgré moi, mon cœur palpitait, agité.

Que j'aurai voulu dire, emportez-moi, ma mère,

Ou, de grâce! changez mon âme trop sincère,

Je feindrais devant eux un moment de gaîté!!...

Mais non.... autour de moi comme un écho fidèle

Un bruit flatteur, semblait et renaître et mourir.

Je crois l'entendre encore, on disait : « qu'elle est belle!

Et je baissais les yeux en me sentant rougir!...

Sur la danse j'errai, pensive, chancelante,

On dirigeait mes pas, on guidait mes détours ;

Me prenait-on la main, on la sentait brûlante.

Je le sais, j'ai rougi!!... je rougirai toujours!...

Ce n'est point ma beauté, ce don de la nature,

Qui causait mon émoi... c'était lui!.. c'est mon rang!!...

Oh! si vous l'aviez vu, mais pâle et languissant,

De loin me contempler, accuser ma parure!!

Il n'osait m'aborder, moi, qui dans les bosquets

Folâtrais avec lui dès ma plus tendre enfance,

Moi , qui connus son cœur et lui tous mes secrets ;

Qui me serrait la main avec tant d'innocence ! !..

— De l'école où j'allais , partageant les rigueurs ,

Il venait près de moi s'embellir de mes charmes ,

Et , lorsque je pleurais , courant cueillir des fleurs ,

C'est en m'en couronnant , qu'il essuyait mes larmes !

Et moi , j'aurai changé !.. Quand il m'apporte un cœur

Plein de nos souvenirs , empreint de ma jeune ame...!

Et quand , hier encore , il fit tomber , rêveur ,

Ses beaux regards sur moi , ses regards plein de
flamme ,

N'a-t-il pas dit : « je t'aime !... et toi , c'est mon bonheur !. »

Moi !!.. que je le plains , oh ! sa jeunesse est troublée...

Il eut été peut-être heureux ,... heureux sans moi !..

M'aimer ! se prendre à moi pauvre tige ébranlée !

Aimer ainsi ! sait-il , que c'est mourir d'effroi !!...

Sait-il , qu'aux yeux du monde il faut fuir sa présence !..

Un abîme , dit-on , s'étend entre nous deux ,

Nous sépare à jamais!... l'honneur défend ces nœuds...

L'honneur !.. n'est pas toujours placé dans la naissance,

Tout en lui me l'a dit, tout, sensibilité,

Esprit, graces, talens, confiance, courage....

Son amour !! cet amour, que j'ai seule en partage,

L'a tiré glorieux de son obscurité !....

Je ne m'abuse point, je n'en crois point ma flamme,

Sans qu'on le sût, partout, j'interrogeai ses pas,

A toute heure, en idée, il ne me quittait pas....

Et n'ai-je pu sonder les replis de son âme ?

Presqu'au même berceau nous reçûmes le jour !....

Je m'avoûrai sa sœur à la nature entière,

Et de ce nom si doux déjà je serai fière

Je le sens ;.... si pour lui, je n'avais tant d'amour !

Flétrissez-donc ma vie à sa vie enchaînée,

Ou, pour nous, allumez les flambeaux d'hymenée,

Oh ! viens, maintenant, viens, foule à tes pieds cet or,

Arrache ces bouquets jaloux de ta tendresse,

Consume mon amour, éclipse ma richesse,

Je t'appartiens ;... toi seul, Alfred, es mon trésor !

Mais qu'ai-je dit?... on m'entend, imprudente !

C'est son nom que ma bouche hélas ! a murmuré....

« Chut !.... écoutons..... tout dort du moins j'ai

respiré.... »

Elle dit — sur sa couche ; elle s'assied tremblante,

L'aurore avait brillé de ses feux les plus beaux,

Les oiseaux s'animaient de leur voix printanières,

Qu'un sommeil bienfesant, sur ses faibles paupières,

N'avait encor pour elle épanché ses pavots.

Cambrai, 24 octobre 1831.

LES DEUX MÈRES

GRECQUES.

— `

ANNÉE 1826.

——

Et noluit consolari quia non sunt.
LA BIBLE.
D'un invincible effroi, dès ce moment saisie.
Elle ne rêva plus qu'infortune et que mort.
MILLEVOYE.

Ses yeux sont attachés sur la couche légère

Qui balance le fruit d'amour ;

Triste, craintive tour-à-tour,

Son ame est agitée.... on craint, quand on est mère!!

✳

— « Thaïs, repose en paix, repose, ô belle enfant!

» Que la reine du ciel, la divine Marie,

3

» Daigne jeter sur toi son regard tout-puissant,

» Ne point t'envelopper du deuil de la patrie!... »

　　　　— Que sa maternelle douleur,

　　　　Sied bien à ce refrain si tendre ;

　　　　Son ame exprime le malheur,

　　　　Avant même de le comprendre!...

　　　　— Celle qui chante, peu de temps

　　　　Après le jour de l'hyménée,

　　　　Vit une mère abandonnée,

　　　　Qui pleurait ses pauvres enfans,

　　　　Et qui non loin de sa chaumière,

　　　　Mendiait le pain de douleurs,

　　　　En murmurant, les yeux en pleurs :

　　　　« Ayez pitié.... car je fus mère!! »...

— Ce mot troubla l'épouse, un douloureux soupir,

Reporta ses pensers vers un vague avenir ;

Car, savourant, au sein de la paix la plus pure,

Le bonheur de l'hymen et ses plus chastes feux,

Elle ignorait encor, le plus délicieux,

Le nom le plus sacré qu'ait donné la nature;

  Heureuse ainsi!... mais vers un soir,

 Elle revit cette femme alarmée,

  Pâle, de chagrins consumée,

  Assise au seuil de son manoir :

   — « Lève-toi, jeune femme, avance,

   » Avance auprès de ce berceau,

   » Puissè-je calmer ta souffrance,

   » Au moins en partageant tes maux. »

   — « Es-tu mère, dit l'inconnue. »

   — « Si je la suis!!.. — Malheur à toi,

   » Malheur!... que ton ame à ma vue

   » Hélas doit se remplir d'effroi! »....

 Alors, lançant un regard triste et sombre,

 Et contemplant la jeune enfant qui dort,

 Elle s'arrache à son pénible effort,

 Puis, murmura tristement comme une ombre:

— « Je n'en ai plus.... d'enfans!!!. aux glaives, à la

      flamme,

» Je les ai disputés, affrontant le trépas....

» Si du moins avec eux, j'eusse exhalé mon ame. ..

» Pour la dernière fois, les serrer dans mes bras!

  » Mais non, le Dieu de la patrie,

   » Dans ces cruels momens,

  » En prolongeant ma triste vie

   » Prolonge mes tourmens!...

» O ciel..! j'ai tout perdu!... mais du moins, l'es-
         clavage

» N'a point courbé mon front sous sa honteuse loi.

» J'ai fui seule, au désert... J'ai fui sur ce rivage ;

» S'ils abordent ces lieux, épouse, cache-toi,

» Sur ton cœur agité presse ton enfant,... moi,

» Je viendrai te défendre... adieu!... je suis mou-
         rante,

» Et sans pain et sans toit, sans parens, sans amis,

» Jetée au gré des vents comme la feuille, errante ;

» Donne-moi pour ce jour un peu de ton maïs,

  » Oui, prends pitié de ma misère,

» Jeune épouse, les rives de Lesbos

» Retentiront long-temps de mes sanglots...

   » Plains moi, plains moi,... car je fus mère!! »

— L'infortunée, à ces mots soupira,

Puis, lentement, bien loin se retira....

On dit, qu'en s'éloignant, sa voix faible et plaintive,

Murmura le refrain de l'épouse craintive :

❃

« Thaïs repose en paix, repose ô belle enfant

» Que la reine du ciel, la divine Marie,

» Daigne jeter sur toi son regard tout-puissant,

» Ne point t'envelopper du deuil de la patrie.

Cambrai, 2 Avril 1854.

LA FONTAINE

DE GISORS;

Conte imité d'une ancienne Ballade en prose.

1248. — 1249.

Bientôt elle s'arrêta devant une petite fontaine et
là, écartant les jeunes pousses de saule.... Voyez
cette can, frère ! serais heureuse si voulez en boire
gorgée avant votre départ.

FERD. LANGLÉ.

Près de Gisors, sur le flanc d'un coteau,
Aux pieds des murs d'un antique château,
Parmi des fleurs, des touffes de verdure,
Avec doux bruit s'échappe une onde pure;
Heureux, celui qui volant aux combats,
Peut savourer ce magique breuvage,
Il sort intact du milieu du carnage,
Et d'aussi loin qu'il engage ses pas,
Il vient toujours mourir en sa patrie,

Et saluer sa famille chérie !

Sire Raoul, noble et preux chevalier,

Aux regards vifs, au front large et guerrier,

Avait fait vœux pour saint pélerinage,

Et d'outre-mer devait faire voyage.

Le jour venu, parti de grand matin,

Il chevauchait couvert de son armure,

Quand tout-à-coup paraît blanche figure,

Dans les glaïeuls qui bordaient le chemin,

Raoul surpris, son destrier arrête,

A se signer, vitement il s'apprête ;

Mais, devers lui, le fantôme voilé

Portait ses pas, et, d'un accent troublé,

Disait: « c'est moi,.. c'est moi.. qui suis ta mie,

» Viens dire adieu... je veille sur ta vie ! »

— C'était Myrtha... ses plus chères amours. —

Au rendez-vous, la jeune damoiselle

Guida bientôt le chevalier fidèle,

Ayant secret, pour conserver ses jours....

Voici Gisors.... là, d'un ciel sans nuage,

Dans son cristal, l'eau réfléchit l'image ;

Mais sur Raoul levant ses yeux en pleurs,

Myrtha, naïve, exprimait ses terreurs :

« Las ! lui dit-elle, aux peines que j'endure,

» Vois-tu, cette eau joint son plaintif murmure !

» Pour tout jamais, vais te perdre, cruel !

» Plus n'ouïrai, ta parole amoureuse !...

» Mais si voulais, Myrtha serait heureuse,

» Bois cette eau, bois... t'en prie au nom du ciel. »

Il hésitait.... il obéit, que faire ?...

Baisers en sus, lui donna pour lui plaire.

« Adieu Myrtha !... de mes nobles ayeux,

» Tombeaux, salut !... » — il fuit silencieux,

— Un saint devoir, vers la rive lointaine,

Pour venger Dieu, le réclame et l'entraîne.

*

Damiette, Acre, ont signalé son bras ;
En guerroyant, il invoque sa dame.
De maints combats, et de peste et de flamme,
Fier, il revient sans trouver le trépas.
Mais sur son front, et loin de sa maîtresse,
Le temps jaloux lui versait la vieillesse.

Il veut revoir la tour de son château,
Aller revivre, aux lieux de son berceau ;
Il part.... il touche au seuil de sa patrie,
Ses pas sont lents, sa figure flétrie,
Et le bourdon qui surgit dans sa main,
Vient soutenir sa démarche tremblante ;
Raoul, dit-on, vit encor son amante,
Mais plus d'amour pour le vieux pèlerin....
Leur cœur est froid ! !... Gisors, que fait la vie,
Quand la jeunesse hélas ! nous est ravie !...

Cambrai, 4 Mai 1832.

SUR UNE ROSE

CHANGÉE EN OEILLET,

PAR Mlle. C** ***,

———

. . . . . Elle a vécu ce que vivent les roses.

MALHERBES.

De la fraîcheur, ô fidèle symbole,
Reine des fleurs, gracieuse auréole,
Sous un soleil bien incertain
Tu naquis... et n'a point senti sur ton calice,
Passer de doux rayons le suave délice...
Ton existence eut un matin !...
Elvire, t'aperçut éclore,

Lorsque dans ces riants bosquets,

Pensive, elle errait dès l'aurore...

Soudain, de tes piquants attraits,

Son front emprunte la rougeur,

Telle l'amante, ou bien l'épouse

Devant sa rivale, jalouse

S'embellit encor de pudeur....

Telle..... mais d'une main tremblante,

Pourquoi donc effeuiller sa corolle éclatante,

Elvire, as-tu quelque malin secret?..

Je le vois!.. comme toi, cette rose est charmante....

Ne rougis point!... ce n'est plus qu'un œillet!!

Cambrai, 29 Juin 1831.

———

CAPRICE.

UN BEAU JOUR A LA NATURE.

> Jamais un ciel plus pur n'avait brillé sur
> des campagnes plus tranquilles.
>
> AIMÉ MARTIN.

Regardez,... regardez!!.. comme le ciel est pur !
Que j'aime à voir briller et pâlir son azur !...
Tout n'est que voluptés, que faveurs, que prémices.
Dans l'onde, sur les monts, dans l'espace et les airs ;
Tout jouit dans la paix, d'ineffables délices ;
Tout semble murmurer d'harmonieux concerts,
Dans les vastes forêts, dans les antres sauvages,

Dans l'asile secret des plus épais bocages,

Dans tout ce qui nous presse et qui fait l'univers!..

Je voudrais être, moi, ce jour de la nature,

Ce calme si profond, qui fait rêver, languir,

Je voudrais à l'envi ne former qu'un soupir;

Être le flot roulant de l'onde qui murmure,

Le flot qui joue aux bords du limpide ruisseau,

Être l'ombrage frais que prodigue l'ormeau,

Les pleurs du rossignol caché sous le feuillage,

Un fil léger de l'air qui voltige et qui nage,

Dans des flots de clartés, dans les parfums du ciel,

Je voudrais l'être, au moins du palais éternel

Je serai revenu, quel serait mon délire!

Je dirai si là haut, quelqu'ame encor soupire,

S'il est après la mort d'éternelles amours,

Si tous ces fils fluets, trame de nos beaux jours,

Sont comme nous, ici, des ames éplorées

Qui cherchent le bonheur dont on les a sévrées...

Je voudrais être aussi le zéphire léger,

Le zéphyre amoureux qui vit un jour de rose,

Tel que lui je voudrais effleurer chaque chose,

Caresser les gazons, m'ébaudir, voltiger,

  Puis folâtrant, sous la gaze soyeuse

    Doucement me glisser....

    Et d'un furtif baiser,

  Faire rougir, jeune fille rêveuse....

Être du jour éteint la brise et la fraîcheur...

Je voudrais être tout.... et mourir de bonheur...

Je voudrais encor !!.. mais, ma paupière affaiblie

Tombe sur elle-même, et la mélancolie

Dans mon cœur a rentré, je me prends à pleurer,

Car mon cœur est encore, encore à soupirer !!

Cambrai, Août 1832.

L'ENFANT NOYÉ.

LE PRÊTRE.

Ranimez, disait-il, ce courage abattu,
Du pieux Abraham imitez la vertu.
Dieu demanda son fils, et Dieu l'obtint d'un père

LA MÈRE.

Ah ! Dieu ne l'eût jamais exigé d'une mère !!

MILLEVOYE.

« Voilà trois jours entiers qu'il est sorti courir !......

» Où peut-il être, hélas, je tremble qu'il ne meure !...

» Sans doute en folâtrant bien loin de la demeure....

» Si tu savais, enfant, que tu me fais souffrir ! !...

» C'est encore aujourd'hui la fête du village,

» Et la danse et les ris s'animent sous l'ombrage...

» Et moi, je suis en deuil, expirante de faim,

» L'appelant de mes cris et le cherchant en vain. »

— Elle marchait, ainsi plongée en sa souffrance,

Dans les bois... les vallons, son fils!... il est partout!

Rendez-lui ce trésor ; le bien de l'existence

Est-là!... Pour une mère, un seul enfant, c'est tout!.

Voici le fleuve, au loin se déroulant immense,

D'abord elle s'arrête!.. un sentiment affreux,

Attachant tous ses pas vers son cours orageux :

» Si jamais il eût pris les bords de ce rivage!....

— A ce penser surgit un lugubre présage : —

« Si, cueillant quelques fleurs, dans l'onde il eût

glissé..

» Mon cœur se glace!!!... Oh! non si ton bra

courroucé

» Seigneur, se fût levé pour frapper une mère,

» J'eusse vu mon enfant expirer sous mes yeux ,

» Et, du moins, pour calmer ma douleur trop amère

» Dans mes derniers baisers, recueilli ses adieux!...

» Mais Dieu n'est point cruel, oui, mon enfar

respire.

» Perdu, tremblant peut-être!!... une autre, en ce
moment,

» Mère qui n'en a plus, soulageant ce tourment,

» Contre son cœur le presse, heureuse en son délire...

» Lui demande son nom, appaise ses sanglots. »

— Pleine d'illusions, elle suivait la rive,

Et marchait lentement; sa voix triste et plaintive,

Du nom de son enfant troublait tous les échos :

— « Vous qui passez si vite, où courez-vous, volage?

» L'auriez-vous rencontré, dirigiez vous ses pas?

» Comme vous il est jeune, il doit avoir votre âge,

» L'auriez-vous, imprudent, fait courir au trépas?

» Par des sentiers lointains, sans pain et sans asile,

» L'avez-vous laissé seul, privé de sa famille?....

» Vous rougissez... Méchant!!!.. courez, on vous
attend,

» Ne vous égarez point, ne perdez point de temps,

» Courez, car votre mère est dans un trouble extrême,

» Elle doit se mourir!.... J'en juge par moi-même!

» Du moins vous la verrez ; dans ses bras caressans ,

» Prodiguant à longs traits ce qu'elle a de tendresse ,

» Elle oublîra bientôt sa frayeur, sa tristesse ;

» Pour moi , mes cris peut-être , hélas ! sont im-
puissans....

» Tout en vous me l'a dit. » — Poursuivant, éplorée,

Le chemin qui d'abord s'offrit à ses douleurs ,

Elle aperçut venir quelques femmes en pleurs ,

Elle courut tremblante , éperdue , égarée....

Et plus loin sur les bords du fleuve encor grondant ,

Un cadavre gisait..... C'était lui.... son enfant !!!...

Cambrai, 16 Septembre 1831.

C'ÉTAIT MES VŒUX!

—

Hoc erat in votis. .
HORACE.

Laissez-moi!... laissez-moi, dans une humble retraite,

Loin des cris envieux et loin de la tempête,

Abriter sans renom mon tranquille loisir ;

Laissez-moi, je vous prie, une vague ignorance,

Mais pure, mais candide, ainsi que dans l'enfance;

Laissez-moi libre encor, lorsqu'un tendre zéphyr,

Sous un ciel azuré, d'une amoureuse haleine

Caresse les guérêts, se joue au sein des eaux ;

Laissez-moi m'égarer.... sans soucis et sans peine...

Goûter l'ombre des bois, la fraîcheur des ruisseaux,

Et mollement couché sous un dais de verdure,

4

M'endormir et rêver, bercé par leur murmure ;

Laissez-moi, simple enfant, jouer avec des fleurs,

Sans deviner pourquoi leurs plus belles couleurs

Durent à peine un jour et passent comme un songe...

Dans un cœur laissez-moi lire un seul mot d'amour,

Pourvu qu'il ne soit pas, odieux, vil mensonge ;

Laissez-moi, quand la nuit, sur le front d'un beau jour

Qui pâlit et s'éteint, jette ses sombres voiles ;

Quand Phébé va guider son cortége d'étoiles,

Quand tout repose au loin, calme et silencieux ;

Oh !... laissez-moi tourner ma timide paupière

Vers le vague des airs, vers la voûte des cieux,

Elever mes soupirs et mon humble prière

Avec la brise ailée, et les parfums du soir ;

Dans les mondes lointains, admirable structure,

Sentir, sans raisonner, le Dieu de la nature,

L'aimer sans le comprendre, adorer sans le voir ;

Imitant quelque peu sa bonté, sa sagesse,

Répandre des bienfaits sans nulle vanité....

Si, des enfans un jour consolent ma vieillesse,

Puissè-je leur léguer, pour former leur jeunesse,

Quelque vertu sans tache et mon nom respecté !....

Assez !.. voilà mes vœux !... En sa neuve existence,

Mon ame ne rêvant qu'innocence et candeur ,

Sans le chercher, peut-être... eût trouvé le bonheur...

Mais un souffle brûlant à tout flétri... La science !!

Cambrai, 16 Août 1833.

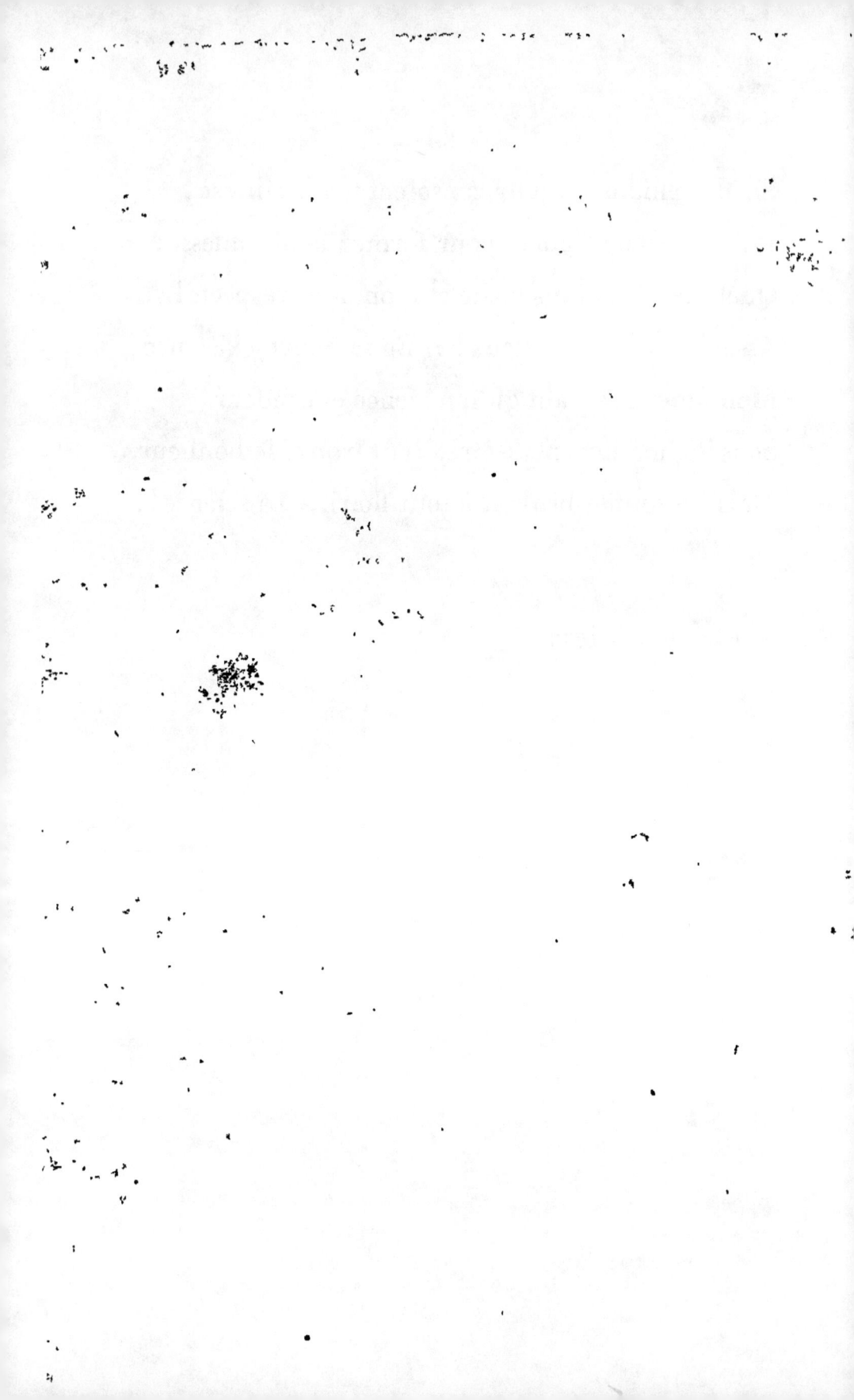

LE DRAPEAU NOIR.

. . . Les noirs drapeaux à nos tours suspendus
Balancent le trépas sur nos fronts éperdus.

A. BIGNAN.

Aucun élan de l'ame, aucun souffle de gloire,
Aucun présage heureux, devançant la victoire,
N'a, dans les champs de Mars déployé sa couleur ;
Au sommet d'une tour, triste objet de terreur,
Signalant des souffrants le respectable asile,
Lorsque l'airain résonne et foudroie une ville,
Il semble alors, flottant en lugubres replis,
Jeter un mot de paix aux cœurs des ennemis,
Conjurer loin de lui les horreurs de la guerre,

* *

Rappeler la pitié, révéler la misère,

Leur dire : « Ici, la mort, sans diriger vos bras,

» A vous servir est prête et sème le trépas ;

» Arrêtez, inhumains !.... sur son lit de souffrance,

» Épargnez ce soldat, car il est sans défense....

» Cet autre infortuné n'attend que les beaux jours....

» Pour renaître à la vie, il rêve d'espérance :

» S'il périssait... combien pleureraient ses amours !..

— Ici, c'est un vieillard qui s'éteint et succombe...

» Plus loin, près de passer du berceau dans la tombe,

» Sans murmurer plus fort que les tendres zéphyrs

» En un jour de printemps exhalant leurs soupirs,

» Des enfans sont venus se reprendre à la vie....

» Attendez qu'ils soient nés !.... ils ont une patrie !

» D'un meurtre aussi barbare oseriez-vous flétrir

» Les lauriers qu'à vos fronts réserve l'avenir ? »

— Ainsi, dans notre cœur ce signal de tristesse

Fait naître tour-à-tour la pitié, la tendresse....

Mais qu'ai-je dit?... au loin les remparts sont déserts,

Nul ennemi!... bientôt, un souffle dans les airs,

Invisible tyran, promène ses ravages.

Sous un ciel qui paraît et pur et sans nuages,

Un monstre, a répandu la souffrance et la mort....

La peste, fallait-il, Dieux! la nommer encor!...

Aussitôt, comme au sein d'une ruine immense,

Où le triste cyprès s'incline et se balance,

Le passant voit surgir ce funeste appareil;

Il recule, il redoute un éternel sommeil....

Tout est morne, et devant les portes solitaires

Du puissant et du pauvre, en sombres caractères,

Il semble écrit : « Fuyez! il n'est plus d'amitié,

« Fuyez! la mort partout... la mort! point de pitié! »

— L'étendard flotte au vent, dans sa couleur obscure,

On entend bourdonner un sinistre murmure,

Qui glace tous les cœurs d'épouvante et d'effroi.

Le deuil ajoute encore à l'ame consternée,

Et l'on dirait, qu'ainsi de crèpes couronnée,

La ville est un cadavre, un sépulcre, un convoi!

Cambrai, Mai 1832.

LA COQUETTE

ET

LA JEUNE ENFANT.

———

Pour mon bonheur tu disais m'embellir, ô
ma mère.
        Chauvet.

« Approchez, mon enfant,... pourquoi cette parure,

» Votre mère vous gâte, à trop vous adorer!...

» N'avez vous pas assez des dons de la nature,

» De jolis yeux pour plaire, un cœur pour soupirer?..

» Qu'ai-je dit!... ah! plus tard et non pas à votre âge,

» Vous saurez, à quel prix dans ce monde imposteur,

» On obtient le plaisir d'être belle et volage..

— »Venez-ci,... dénouez ce ruban peu flatteur,

» Ces fleurs et ces bouquets, de vos graces naissantes,

» Croyez m'en, mon enfant, viennent ternir l'éclat :

» Cette rose trahit votre vif incarnat....

» Rejetez – la.... quoi ! mais, vos mains semblent
                                          tremblantes....

» — Qu'ai-je fait !... j'ai vu fuir son rire gracieux. —

» Hésitez-vous ? — des pleurs ont roulé dans ses yeux...

» Pauvre petite, hélas ! je l'afflige ! — comme elle ,

» J'aimai dans mon enfance, et ces fraîches couleurs,

» Et ces brillants festons , et la gaze nouvelle...

» Je grandis.... radieuse , au-dessus de mes sœurs ;

» J'entrainai sur mes pas , belle et capricieuse ,

       » Une foule d'adorateurs !....

» — Propos piquants d'amour, réponse dédaigneuse...

» Billets cent fois jetés, billets cent fois relus,

» Vœux indiscrets, brûlants, mais toujours superflus..

» Au bal, de longs coups d'œil qui pénétraient mon
ame,

» Prévenances, égards, doux indices de flamme,

» Tout m'enivrait!.. filtrant, comme un cruel poison,

» L'ardeur de vouloir plaire, égara ma raison;

» — Un jeune homme, à mes pieds, vint porter son
hommage;

» Que sa voix était tendre, elle exprimait l'amour...

» Sans pouvoir le sentir.... j'écoutai ce langage,

» Et j'ai ri de ses feux!... et lui, de jour en jour

» Plus triste et plus rêveur, il venait, de son ame

» Épancher à longs traits la trop sincère flamme....

» Mais un jour, je voulus m'attacher à son sort,

» Lui donner quelqu'espoir sur le droit de mes
charmes,

» Je l'attendis long-temps.... Il ne vint plus.... La
mort....!! »

— Soudain, sa faible voix expire dans les larmes,

L'enfant qui la voyait en proie à ces douleurs,

Comptait pour dix printemps un rêve d'innocence,

Rougissait sans comprendre,.... écoutait en silence ;

Mais au mot glacé, mort ! !.. Mort ! Vaste effroi des
cœurs,

Poussant des cris aigus, elle arrache ses fleurs ! !

Cambrai, 15 Octobre 1851.

L'ORPHELINE

O U

L'ENNUI DU PAYS.

———

Je veux aller mourir aux lieux où je suis née.

Mad, DESBORDES-VALMORE (*les Pleurs*).

« Ma vie hélas ! se traîne et lente et douloureuse ;

» Je m'étais dit en mon ame rêveuse :

» Telle une jeune fleur,

» Loin de son sol natal, par les vents entraînée,

» Languit long-temps et meurt,

» Et moi, je vais ainsi mourir abandonnée !....

» Las ! que me fait, ce ciel paisible et pur,

» Ce beau soleil se levant dans l'azur,

» Ces jardins et ces fleurs, ce bois, ce frais bocage,

    » Si j'y respire un souffle destructeur,

    » Et si la mort affreuse en sa lenteur,

    » Doit me frapper, assise à leur ombrage!!!....

. . . .

» Malheureuse orpheline, au printemps de tes jours,

» Tu n'auras point connu l'amitié tutélaire ;

» Dans l'excès de tes maux, n'ayant que Dieu pour père,

» Tu dois trouver les cœurs sans pitié, sans amours!...

. . . .

. . . .

» Comme je suis changée!.... Hélas! dès son aurore

» La rose ainsi, voit fuir son éclat, sa fraîcheur....

» Mais la mort sur mes traits a versé sa pâleur....

» Mon œil se ferme au jour.... Faut-il, si jeune encore,

» Quand tout me promettait le plus bel avenir,

» Faut-il, si jeune encor, n'exhaler qu'un soupir!....

. . . .

. . . .

» Vous n'entendez-donc point ma voix faible et
plaintive,

» O vous, qui me disiez : « Nous sommes tes parens…»

» Pourquoi, si vous m'aimez, prolongeant mes tourmens,

» Dans ces funestes lieux me retenir captive ?....

» Je veux fuir !.... laissez-moi !.... laissez tomber
mes fers ;

» Je trouverai peut-être aux lieux de mon enfance,

» Une main qui saura sécher mes pleurs amers ;

» Là, viendra me bercer cette douce espérance,

» Qui semblait autrefois sourire à mon berceau....

» — Je vais vous saluer, ô terres paternelles,

» Objets de mes regrets, de mes peines cruelles,

» Je vais.... Mais qu'ai-je dit? là s'élève un tombeau !

» Jeune, l'on m'y guida pour faire ma prière,

» Et moi j'y lus un nom…, un seul nom sur la pierre…

» Ma mère !.... Il me dit tout !.... Pardonne à mes
soupirs ;

» Loin de toi, les cruels ! ici m'ont exilée,

» Croyant éteindre en moi d'immortels souvenirs,

» Depuis ce jour, en pleurs ma jeunesse écoulée,

» A perdu tout espoir de trouver le bonheur ;

» Emportez-moi !.... J'en crois ma mère qui m'inspire,

    » Je revivrai !.... qu'importe ma douleur !!!....

» Auprès d'elle, ah ! du moins, placez-moi si j'ex-

                          pire ! »

Douai, Octobre 1831.

LA PIERRE

où

S'ASSIED LE MENDIANT.

———

Vous n'osez l'approcher !... l'habit de la misère ;
De celui qu'il recouvre, est-il le déshonneur ?

Mlle. ELÍSA MERCOEUR.

.

Une pierre !!... voilà sa place, son asile ,

C'est là que le jeta le doigt puissant de Dieu...

Il n'en peut s'écarter !!... chaque jour, en ce lieu

Il revient mendier pour sa triste famille.

Vous, qui le rencontrez, en suivant ce chemin ,

Vous, qui prêtez l'oreille à sa voix douloureuse,

Que son malheur vous touche, accordez-lui du pain,

5

Il bénira vos jours.... son ame est vertueuse....

Il est sensible aussi, malgré sa pauvreté,

Appréciant celui qui dans l'ombre discrète,

Épanchant humblement son aumône secrète,

Vient adoucir les maux de la fatalité....

— Laissez-moi près de lui m'asseoir, à sa souffrance

Offrir quelque repos.... sous ces haillons poudreux

Vous ne savez combien on trouve d'innocence,

Combien près du malheur on peut se croire heureux!

Passez, passez, ô vous, qui dans l'orgueil du monde

Avez mis votre espoir....

Oui, passez sans le voir,

Pour vous, ce mendiant n'aura rien que d'immonde...

Cependant, le voilà!.... c'est votre frère en pleurs,

Sur sa pierre... implorant un baume à ses douleurs,

Implorant un relâche à sa soif haletante....

Sa lâcheté vous blesse et paraît rebutante,

Oh! gardez-vous au moins d'aller l'injurier;

D'un travail fructueux il ignore l'usage,

Car, pauvre il vit le jour et ne sait que prier.

Son père, en expirant, pour unique héritage,

Lui laissa tous ses droits à la compassion....

Ses malheurs sont finis.... il repose en silence,

Et de ses longs tourmens, goûtant la récompense

Son ame a vu son Dieu dans la riche Sion;

Mais ce fils, ô destins! en proie à la misère,

Ici bas, sans amis, rampant inaperçu,

Aux cris de ses enfans, hélas! se désespère

En disant : « C'est ici que mon père mourut! »

— Malheureux! tu l'as dit, en tes justes alarmes;

Comme toi, des passans implorant la pitié,

Il venait leur offrir un front humilié,

Et, courbé sous les ans, arroser de ses larmes

Cette pierre maudite où s'assied ta douleur.

Il mourut, et son corps, remis à la nature,

D'un modique tombeau n'eut pas même l'honneur;

Ainsi tu passeras, et, pour dernière injure,

On jettera ton corps et froid et sans linceuil.

La pierre où tu versais tes pleurs et tes prières,

Hélas ! ne scellera même point ton cercueil,

Car une seule tombe, accueille tous tes frères !! (1).

Cambrai, le 12 Janvier 1832.

---

(1) Voir, pour mieux entendre ce dernier vers, les réflexions qui ont pré-
cédé cette pièce, dans le n°. 1291 de la *Feuille de Cambrai*. — Année 28e,
13 Janvier.

HARMONIE.

DROUET. — TULOU.

> Il saute du grave à l'aigu, du doux au fort ;
> il fait des pauses, il est lent, il est vif....
> c'est un cœur que la joie enivre, un cœur
> qui palpite sous le poids de l'amour.
>
> M. de Chateaubriand.
>
> Souvent j'écoute encor quand le chant a cessé
>
> St.-Lambert.

Vers le soir d'un beau jour,
Ecoutez soupirer la plaintive romance
Et la ballade tour-à-tour....
Entendez-vous au loin s'élever du silence,
Ces soupirs prolongés d'un délire amoureux,

Ces soupirs qui d'un cœur révèlent tous les feux.

Tantôt par ses accents propices

Il exprime les doux caprices

De l'amante qui tour-à-tour

Résiste et cède avec amour,

Une cadence harmonieuse,

Dépeint souvent avec transport

Le doux frisson de la beauté voluptueuse,

Qui dans les bras d'amour s'endort....

Déjà l'écho prolonge à peine le murmure

Du faible son qui se perd en mourant,

Il expire, il renaît... l'ivresse la plus pure

Dans tous mes sens se glisse en murmurant....

— Le ciel se couvre-t-il de sourcilleux nuages ? —

Un prélude avertit la fureur des orages,

Les notes aussitôt, roulant avec fracas,

Semblent chanter la foudre ou l'horreur des combats,

— Sous un ciel calme et monotone. —

Les pas tumultueux de cent mille escadrons

Marchant sous le bronze qui tonne

Tous, enivrés d'orgueil et du bruit des clairons.

Là, des victimes de la gloire

Les cris plaintifs et lents;

Ici, près d'un monceau de cadavres sanglants

Les crix joyeux de la victoire!...

Tous ces sons merveilleux... Tous ces bruyants trans-

ports,

D'un sentiment altier ou d'une ame en délire,

Ces surcroîts de pensers, qu'on a peine à décrire,

Nous les devons, surtout, au talent des accords;

La musique les rend sur la harpe où la lyre;

J'en atteste Weber, Bethowen, Rossini,

Les chants des Bériot.... Lafont, Paganini!....

Mais quand on veut ouïr murmurer le zéphyre,

Le filet du ruisseau rouler des flots de miel,

Philomèle jeter sa plainte indéfinie;

Du cygne des anciens s'envolant vers le ciel

Le chant mélodieux.... la plus rare harmonie,

Le plus suave accord, le plus pur, le plus doux ;

Qu'on oublie. à jamais ce que je viens d'écrire,

Ecoutons, écoutons le roseau qui soupire....

Ecoutez.... c'est Drouet, c'est l'immortel Tulou ! !

Cambrai, 16 Septembre 1831.

L'ANNIVERSAIRE.

LES FLEURS.

Rendons les fleurs, les bois, confidents de nos larmes;
Dans les fleurs, dans les bois, du sort trompant les coups,
Nos parents reviendront converser avec nous.

LEGOUVÉ (*La Sépulture*).

Et la pâle asphodèle à la fleur monotone,

La lugubre adonide et la triste anémone,

Ne frappent point toujours nos yeux baignés de pleurs,

Le ciel permet parfois au malheureux qui passe,

De se baisser encor pour cueillir d'autres fleurs

Au vallon où la mort à désigné sa place.....

Moi, je n'ai rencontré que funèbres rameaux,

Que fugitives fleurs, que cyprès, que tombeaux !

— Des chagrins, des plaisirs, ô candides emblêmes,

Ornemens de l'exil, êtres charmants et doux,

Quelles que vous soyez, beaux fleurons, diadèmes,

Faibles fleurs, vous croissez... et mourez comme nous.

   — Ici, fraîche, vermeille,

   La rose en son matin,

   Va parer la corbeille

  Et couronner les coupes du festin.....

Au soir, la voyez-vous... inclinée... et flétrie. .

Plus loin, le tendre myrthe au jasmin se marie....

   L'amarante et l'œillet,

   Composent le bouquet,

   La guirlande chérie

De la beauté qui vole au-devant du plaisir....

Jusqu'au lever du jour, la fête se prolonge,

Le bal cesse.... et ses fleurs sur son sein vont mourir,

Ainsi, son beau printemps passera comme un songe !...

De son front, le guerrier

Peu de temps après la victoire

Voit la fleur du laurier

Tomber comme sa gloire.

— On ne l'a que trop dit!... dans ce triste séjour,

Tout, s'élève, grandit et périt sans retour,

A peine des humains reconnaît-on la trace....

Mais de ceux que l'on aime, oh!.. rien, rien ne

s'efface....

Il est des fleurs pour tous, oui, des fleurs pour l'amour,

Des fleurs pour les heureux, des fleurs pour le martyre,

Des fleurs pour la naissance et l'hymen et la lyre....

Pour l'amitié.... mon Dieu! n'en est-il ici bas,

N'en est-il une au moins qui ne s'effeuille pas?...

.   .   .   .

Tous les ans j'en venais offrir à leur tendresse,

Recevoir leurs baisers.... faut-il que le trepas,

Ait changé ces beaux jours en des jours de tristesse!!

.   .   .   .

Depuis cette époque, où, pour la dernière fois

J'ai cueilli tes adieux sur ta couche souffrante,

Où j'ai collé ma lèvre à ta lèvre mourante,

Que de pleurs.... ô ma mère!... et, sur la simple

croix,

Près de laquelle dort ta dépouille mortelle,

Où vous dormez tous deux!... je n'ai plus qu'une fleur

A déposer hélas! jusqu'à l'heure éternelle....

C'est l'immortelle,

Symbole d'amitié, symbole de douleur!...

Cambrai, le 3 Mai 1833.

LA TRANQUILLITÉ.

Traduit du grec de Moschus.

Lorsqu'un léger zéphyre effleure le rivage,
Sur l'onde d'azur glisse, y folâtre, y surnage,
Une molle langueur s'épanchant à longs traits,
Porte dans mes esprits et l'ivresse et la paix;
Muses, je vous oublie, hélas!.... et de ma lyre
Je ne sens plus couler la douceur qui m'inspire;
Mais, quand soudain des mers les flots tumultueux
S'élèvent par bouillons, retombent écumeux,
Que la vague en courroux, sur la grève sonnante,

Mugit, s'abat, se brise, horrible, blanchissante,

Pâle et tremblant, je fuis.... je fuis alors les flots,

Et laisse leurs fureurs aux hardis matelots....

Ah! plutôt votre asile, ô terre, ô mes délices,

Vos ombrages, vous, qui de vos jeunes prémices

M'offrez les heureux dons, arbres qui m'êtes chers,

A jamais je renonce au rivage des mers....

Je sens qu'il est chez vous des retraites plus sûres;

J'erre dans les vallons, dans les forêts obscures....

Là, j'aime à contempler ces pins audacieux,

Sous les efforts des vents murmurer dans les cieux.

Ce spectacle m'enchante, il fait tout mon délire

Je jouis d'un effroi qu'on ne saurait décrire....

Ah! combien du pêcheur le sort est malheureux!

Sur une frêle barque, abri trop dangereux,

Il vole sur les mers.... Là, son travail, sa joie,

Consiste à épier une trompeuse proie;

Sa barque est sa richesse... Il y fait son séjour,

Et passe ainsi la vie, agité tout le jour!...

Pour moi, tranquille au frais d'une épaisse verdure,

Je puis goûter des eaux le suave murmure ;

Coulez, source limpide, épanchez vos pavots,

Qu'il m'est doux de dormir aux cascades des eaux.

Cambrai, 25 Avril 1825.

CLÉLIE.

CHANT ROMAIN.

(**En chœur.**)

Malgré la fureur des flots

Et malgré les javelots,

Nous avons secoué de honteux esclavages ;

Porsenna, tu n'as plus de femmes sous ta loi ;

Rome, lève ton front, tu ne dois plus d'ôtages,

Rome lève ton front, courage, défends-toi !!

(**Une seule.**)

Plutôt mourir que d'être esclaves,

Aviez-vous dit, ô fiers Romains

Voilà que de barbares mains
Ont osé nous charger d'entraves!!..

❀

Attendiez-vous que le vainqueur,
Traînât aux rives étrangères,
(Ornant son char triomphateur)
Vos sœurs, vos épouses si chères?

❀

Mucius a bravé le tyran,
Si le sort trompa sa vaillance,
Fier, il eût versé tout son sang,
Pour ressaisir votre défense....

❀

Au milieu de cruels soldats,
Faibles et débiles colombes,
Nous devions, pour prix des combats,
Servir d'infâmes hécatombes!....

❀

Entendez-vous ces chants des cœurs

Frappant au seuil de la patrie....

Romains, tirez vos fers vengeurs,

Voilà vos sœurs.... voici Clélie !!..

(En chœur.)

Malgré la fureur des flots

Et malgré les javelots,

Nous avons secoué de honteux esclavages,

Porsenna, tu n'as plus de femmes sous ta loi ;

Rome lève ton front, tu ne dois plus d'ôtages,

Rome lève ton front, courage ! défends-toi !!

Cambrai, 27 Juillet 1851.

SOUVENIRS.

Amour. — Inconstance.

Pourquoi faut-il que ce qui fait la félicité de
l'homme devienne aussi la source de son malheur!

(Goëthe.)

A MON AMI *** **,

En lui dédiant mes Souvenirs.

Comme à l'aurore il ne nous reste,
Que l'espérance et l'amitié.

Ami, qu'un même jour vit naître
Compagnon depuis le berceau
Et qu'un même jour doit peut-être
Endormir au même tombeau.

ALP. DE LAMARTINE.

I.

Comme deux jeunes fleurs qu'une aurore a créées
Sur le même rameau, tout-à-coup rencontrées ;
Ou, comme deux rayons glissant sous un ciel pur,
Nos deux ames ainsi, se virent concentrées ;
— Ainsi, des mêmes feux, colombes altérées,
Près d'un lac qui semblait rouler des flots d'azur,

Se sont un moment reposées,

Goûtant les mêmes sucs et les mêmes rosées....

Tantôt, pour chercher la fraîcheur,

Volant à l'ombre d'un bocage ;

Tantôt, dans leur plaintif ramage,

Soupirant après le bonheur ;

Puis, sous leurs ailes satinées,

Quand arrivait le soir,

Dormant pleines d'espoir,

Rêvant de fraîches matinées,

Des épis d'or, des fleurs, de douces graminées....

O réveil !!.. sur le lac, des autans orageux

Avait passé.... son onde était tarie

Et sa rive sèche et flétrie

Montrait à découvert un lit vaste et fangeux.

II.

— Ainsi, frêles encor, nos deux ames brûlantes

Dans un désert immense, ami, sans cesse errantes,

N'ont su dans quel endroit reposer leurs douleurs

Après leur court séjour , en un vallon de fleurs ;

Cependant , pour calmer cette ardeur vive et tendre ,

Il n'eut fallu qu'un cœur.... un cœur pour nous

comprendre ;

Il le fallait , à nous , palpitant d'un amour

Qui remplît à jamais le vide de notre être....

— Toi le premier , tu crus le rencontrer ; un jour ,

Sous les traits d'une femme , il vint à t'apparaître ,

Comme l'Iris qui brille en un prisme enchanteur ,

Elle !... c'était une ange , au regard doux , rêveur ;

Son œil perça ton ame , et , comme l'étincelle

Qui produit tout d'un coup une flamme rebelle ,

Y vint jeter ce mot , ce mot fatal , bonheur !

Soudain tu tressaillis , ivre de ton délire ,

Tu t'éveillais , tout plein d'accens mélodieux

Et tu la contemplais.... puis saisissant ta lyre ,

Tu voulus l'adorer comme un ange des cieux ! !..

Que ce rêve était beau... mais qu'il passa rapide !

Ton luth gémit bientôt , de tes larmes humide.

**

III.

— Le ciel était couvert, et de bruyans zéphyrs,

Vers le déclin du jour, soufflant dans la vallée,

N'exhalaient plus au loin que de sombres soupirs,

Pareils à ceux d'une ombre autour d'un mausolée ;

      Puis, les feuilles avec les vents

       Volant en tourbillons, pressées,

       Tombaient sur le sol amassées....

Tu partais.... de l'absence exprimant les tourmens ;

Pour tout gage d'amour, pour prix de tes sermens,

Tu n'obtins d'elle.... hélas !.... qu'une feuille....

                        présage

De la félicité qui nous fuit sans retour.

Tu soupirais.... ton luth au souffle de l'orage

     Laissa tomber ce dernier chant d'amour.

IV.

LA FEUILLE DE SAULE. (1827.)

    « *Loin du tronc qui t'avait nourrie,*

    » *Emportée au gré des zéphyrs,*

» *Tu périssais ignorée et flétrie,*

» *Lorsque sa main te rendant à la vie,*

» *Vint te placer parmi mes souvenirs.*

» *Ah! comme toi, les zéphyrs et l'automne*

» *Vont m'arracher au rameau que j'aimais,*

» *Plaisirs, bonheur, hélas! tout m'abandonne,*

» *Et je la fuis, peut-être pour jamais.*

» *Trop fortuné, si mon ame eût pu croire,*

» *Qu'un souvenir consolait du malheur!*

» *Mais je m'éloigne et ma triste mémoire*

» *N'aura vécu pas même dans son cœur!!..*

V.

— Dans son cœur!.. va, le mien conserve ce murmure,

Comme un ami zélé garde un suprême adieu.

Viens, l'amitié présente un baume à ta blessure

Nous marcherons unis, calmes sous tous les cieux,

Nous naquîmes ensemble... ensemble malheureux!..

Pour toi, quand finissait ton rêve,

Le mien commençait.... qu'il s'achève...!

Attends , ô mon ami , que notre jour se lève ;

Nous nous envolerons à deux !

Cambrai, 20 Mars 1835.

I.

A ÉLISE.

Oh ! qui m'expliquera ce prestige enchanteur ?
Qui pourra me dépeindre, avec des traits de flamme .
Ce délire enivrant , ce feu qui brûle l'ame
Et dont le pur encens s'exhalait dans mon cœur !

AUG. BOISSEAUX.

I.

Il est là... dans mon ame , il reste ineffaçable

Ce souvenir si doux , ce souvenir si pur....

Tu t'en souviens.... un soir, le ciel brillait d'azur ,

Sur ton front coloré d'une rougeur aimable,

Une étoile... sans doute une étoile d'amour ,

Reflétait sa lueur pâle et mystérieuse

Et, baignant mollement ta tête gracieuse,

Semblait faire sur nous tomber un demi-jour....

De la brise du soir, l'haleine messagère,

Et le souffle léger des plus légers zéphyrs,

A l'envi répétaient à la nature entière,

Nos suaves propos, nos vœux et nos soupirs....

. . . .

Eh ! qui put deviner notre commune ivresse,

Tandis que lentement, vers le toit parternel,

A la molle clarté de la reine du ciel,

Je te guidais, brûlant de désirs... de tendresse !!...

II.

Parfois on entendait un soupir expirer,

Comme on entend de loin, aux bords d'une onde pure,

Vers le rivage étroit, d'un ruisseau qui murmure,

Le roseau soupirer....

Nous marchions en silence et la tête baissée,

Et nos deux cœurs qui vibraient tour-à-tour

Sur la main qu'ils sentaient pressée,

Etaient les seuls témoins de notre chaste amour...

III.

Peut-on en traits de feux, aux accords de la lyre,
Retracer un instant un si tendre délire !!...

O vous astres brillans,

Qui décoriez alors le front de la nature,

Bosquets, vallons charmans,

Des champs fleuris, agréable parure,

N'en pourrez-vous au moins garder un souvenir?...

Quand viendrait le printemps, il saurait s'embellir,

Et mon amie en vous aurait dans l'avenir,

Une jeunesse inaltérable et pure !

IV.

Léger zéphyr, sa voix, serait ton frais murmure,

Son regard, ta lueur, ô doux flambeau des nuits,

Sa fraîcheur, beaux vallons, celle de vos réduits....

Mais que dis-je hélas ! rien n'est constant sur la terre,

Et plaisir et beauté... tout, s'envole éphémère;

Je suis venu... sans elle !... en ce site enchanteur,

Un soir, à la clarté de l'astre du mystère....

Je suis venu m'asseoir.... et rêver au bonheur.

Cambrai (*Proville*), 8 Juillet 1827.

II.

AU VILLAGE AVEC ELLE!

Amour, charmant amour, la campagne est ton temple,
Les bosquets détournés, les vallons ténébreux,
Tout devient un asile où l'amour est heureux!

St.-Lambert.

I.

Dieu! qu'au hameau, l'été, les plaisirs ont d'attraits,
Loin d'un luxe imposteur qu'ils sont purs, qu'ils sont
vrais,
Dirai-je ces transports, ces élans d'allégresse,
Ces bois mystérieux, hantés par la jeunesse,
Où l'amour est tranquille, où franche est la gaîté?...

Bien d'autres mieux que moi , dans leur tendre délire,

Aux accords immortels de leur fidelle lyre ,

Ont redit de ces lieux le séjour enchanté ,

Puissent mes vers du moins , purs reflets de mon
ame ,

Ne retracer ici , que ces momens heureux

Coulés auprès d'Élise et sentis par nous deux ;

Ces torrens de pensers , ces longs regards de flamme

Soulevés par l'amour , baissés par la pudeur ,

Qu'aucun style ne rend , que comprend seul le cœur !

II.

— Tandis qu'en cercle étroit, le villageois quadrille

S'égayait et dansait sous la verte charmille ,

Nous sortons en secret. — Les feux mourants du jour

Baignaient en sillons d'or les plaines d'alentour ,

Glissaient dans les rameaux, dormaient sur la verdure,

Les oiseaux, de leurs chants saluaient la nature ,

Tout était enivrant , les parfums, le zéphyr ,

La brise , l'air du soir , sous un ciel de saphyr ;

De momens en momens, à travers le silence,

Le vent nous apportait des murmures confus,

Des soupirs étouffés, des cris... des sons aigus,

Quelques accords parfois, derniers chants de la

danse...

Nous étions à l'écart, enivrés d'espérance,

Plongés dans le plaisir, l'extase tour-à-tour.

Souvenir délirant...! doux éclairs d'un beau jour,

Puis-je vous ressaisir?... — Sa paupière amoureuse

Tombant sur moi, glissait dans mon ame rêveuse,

Comme un premier rayon d'amour....

Ses cheveux dénoués de leurs touffes d'ébène,

Épandaient sur mon front leur soyeuse moiteur,

L'encens qu'elle exhalait de sa suave haleine,

Portait dans tout mon être une douce langueur.

III.

Au monde, oui, seuls... à deux! et dans la solitude

Vivre de notre vie, à toujours, à jamais;

Là parmi la fraîcheur, le silence et la paix,

Savourer à longs traits , mollesse et quiétude ,

Puis , sentir tout-à-coup un feu nous embraser ,

Laisser aller son ame au souffle d'un baiser....

Si c'était là le ciel.... le seul ciel où l'on aime ,

Pourquoi faut-il mourir , ô moitié de moi-même

Oh ! va , Dieu seul connaît nos pensers enchanter

Il sait nos entretiens, nos caprices, nos pleurs ,

Et lui , nous rendra tout !... ce délice suprême

Que nous cherchons en vain et qui grandit le cœu

Il n'est point dans les sens... là n'est point le bo

heu

Mais dans un amour d'ange , inaltérable flamme ,

Mais dans un amour pur... comme on l'a pour

sœur.

Cet amour , sur nos maux , versé comme un dictam

Ce bonheur , mon Élise , il vibrait dans mon ame.

Cambrai (Oiy) , 19 Mai 1827.

III.

AGONIE.

Je vois ses yeux éteints je sens sa main glacée
Et la nuit de la tombe enveloppe ses pas.

NESTOR DE LAMARQUE.

Abstineas mors atra precor...!

TIBULLE.

I.

Élise!.... mon étoile, ô flambeau de mes jours,

O mon plus doux espoir, amour de mes amours,

O toi que j'aurais vue et belle et jeune encore,

  Passer, comme dès le matin

Sous un nuage obscur, une vermeille aurore

  S'efface à l'horizon lointain...

7

Que j'aurais vue hélas! du rameau détachée,

Tomber comme la fleur qui promettait son fruit

Pour la saison d'été, tombe et glisse sans bruit,

Par un souffle d'hyver tout-à-coup arrachée...

Oh! dis, te souvient-il de ma sombre frayeur?

II.

— Un prêtre... un crucifix... ta mère, puis ta sœur...

Là du cierge sacré la lueur incertaine...

Toi, pâle et languissante au lit de la douleur.

(Quand sur ton front voilé, tes longs cheveux d'ébène

Semblaient se marier aux ombres de la mort,

Quand haletant encor sous ta double souffrance,

Et voyant avec toi mourir notre espérance),

Tu voulais me cacher ton douloureux effort;

— Moi, t'en souvient-il, triste et me traînant à peine,

Je m'avançais vers toi, je me penchais rêveur

Comme pour respirer dans ta pénible haleine!...

Mes larmes se mêlant à ta froide sueur,

Allaient baigner ta tête échevelée,

Que soutenait mon bras...

L'on eut cru voir une ombre désolée,

Pâle, immobile auprès d'un mausolée,

Et pleurant ton trépas...

Mais lorsque de sanglots, ta belle ame oppressée,

Dans tes yeux expirants, trahissait sa pensée,

Que déjà faiblement tu me serrais la main ;

Alors, alors, Élise, as-tu senti soudain

Sur ta lèvre mourante,

Ma lèvre encor brûlante,

Entre la mort s'interposer ;

Dans ce trop pénible baiser

As-tu senti mon ame errante

Pénétrer dans la tienne, et, pleine de terreur

Jeter un cri... qui rend la vie et la chaleur !

III.

Je disais à la mort : « O mort !... vois sa jeunesse !...

» Quoi si belle... si douce !... enlevée en mes bras !

» Prends pitié d'un amant, assez tôt tu viendras,

» Pour l'arracher cruelle ! à ma tendresse !!... »

— Ton regard à ces mots, se prolongea sur moi,

Une pâleur mortelle y semblait répandue ;

C'est alors que frappé d'un convulsif effroi,

Mon être a retenti dans ton ame éperdue...

La mort s'est arrêtée !... — Oh ! quel pouvoir vain-

queur

A retenu sa main près de glacer ton cœur !

Je ne sais !... par degrès, la lueur de la vie,

Sur ton front doucement reparut chaque jour.

Tu sortis du tombeau pour renaître à l'amour,

Et pour me faire vivre, ô mon unique amie ;

Il est donc dans le ciel, ce mot, ce mot puissant

Qui s'exhale plus pur que le plus doux zéphyre

Quand tu verses sur moi ton regard, ton sourire.

IV.

Au chevet de ton lit, ce n'était plus l'accent

D'un suave délire,

Ni les élans confus

De nos cœurs éperdus,

Qui dans l'extase chérie

D'une molle rêverie

Mourant d'amour et de plaisir,

Se répondent,

Se confondent,

Ne forment plus qu'un seul soupir,

Un mot compris dans la tristesse même,

Partagé dans la joie et la douleur... Je t'aime,

Ce doux mot, que mon luth fait vibrer aujourd'hui ;

Non non, ce n'était plus qu'un lugubre murmure,

Amour, si tu le veux ; amour... Oh ! toujours lui,

Amour !... le cri, le cri de la nature !

Cambrai, 14 Juin 1827.

IV.

CONVERSATION

AU JARDIN.

———

Le besoin de félicité est le seul qui manque
de satisfaction comme d'objet , car on ne sait
ce que c'est que cette félicité qu'on desire.

M. de CHATEAUBRIAND.

I.

C'était à l'heure , où , l'haleine odorante
Des frais acacias parfume au loin les airs ,
 A l'heure calme , où , la voix murmurante ,
La voix du rossignol redouble ses concerts.

❉

A travers les rameaux, sur les fleurs demi-closes,

Le roi du jour vacille et descend lentement;

Il semble à l'horizon une frange de roses

Se découpant légère au front du firmament.

II.

Elise, à mes côtés, et pensive et rêveuse,

Soulevait ses regards, humides de langueur,

Une main reposait par instinct sur son cœur

Lorsque son ame au ciel errait aventureuse;

L'autre sur mon épaule appuyée à demie

S'abandonnait..Mes bras, comme une anse assouplie...

Entouraient mollement sa taille si jolie,

Et nous étions sans voix, comme un soufle endormi...

Sans voix!.... mais quand ses yeux revenaient sur la

terre,

Pareils aux purs rayons des cieux,

Alors, en soupirs gracieux

Elle exhalait ainsi son ame avec mystère :

III.

— « Dis moi, mon bien aimé, quand je suis près de

toi,

Et que le ciel est bleu, que doux est le zéphyre,

Pourquoi donc mes regards, soulevés malgré moi;

Vont s'égarer là-haut.,..? pourquoi.... mon cœur

soupire?......

Vois-tu, je t'aime bien?.... toi, tu te dis heureux,

Quand ma main vient presser ta main qui me caresse,

Mais plus heureux cent fois, quand, pleins de

chastes feux,

En un doux entretien nous parlons de tendresse.....

Eh bien ! dis, n'as-tu pas, comme moi dans le cœur

Quelque vague.... tu sais, qui n'est pas le bonheur?

Pourquoi?.. j'ignore !... toi, voudrais-tu me le dire,

Là, causons. »—Tu le veux?.. j'ai peur de t'alarmer...

Va, berçons nous plutôt !... illusion, délire,

Rêverie, abandon, ou langoureux martyre.

Quel qu'il soit... ignorons.... ignorons pour aimer !!

*

IV.

Car, si je te disais : « en ce sol de misère

Rien ne peut s'accomplir, tout se flétrit, s'altère... »

Et... si je te disais : « notre amour le plus pur,

N'est qu'un rêve des cieux... car nos ames brulantes

Poursuivent vainement des ombres décevantes,

Repos, plaisirs, bonheur.... dont les ailes d'azur

Se replient souvent sous un nuage obscur ;

Si j'ajoutais : — un jour, rien de notre tendresse

N'aura vécu.... le cœur est faible et peut faillir....

Tu ne comprendrais pas, ô toi qui sais chérir !

Si jamais !!.. (dans quelle ame épancher ma tristesse.

Trouver l'amour de ceux que j'aurai vus mourir,

L'amour de mes parens et si bons et si tendres,

Que je n'ai pu ravir avec eux aux tombeaux,

Toi,... cet amour tu viens encore me le rendre,

Lise !...) si tu me trahis, plus d'espoir dans mes

maux,

Un vide affreux partont, comme un abîme immense,

S'ouvre devant mes yeux !.. un morne et froid silence
Enveloppe mes jours , et mes gémissemens....
Oui , telle deviendrait l'angoise de ma vie ,
Car l'amour serait haine et le bonheur envie...
Car je ne croirais plus aux doucereux sermens ,
Car mon cœur maudirait le jour où je t'ai vue ,
Et le perfide aveu de ta bouche ingénue ,
Et ton plus beau sourire et mes plus doux transports;
Car dans mes souvenirs , tout se ferait remords !.....

. . . .

Tu frémis , tu me crois le plus jaloux des hommes ,
   Ah ! j'aurais dû t'épargner mon effroi ,
   Ta main déjà se retire de moi....
Rends ta main , va !

❀

   Restons plutôt comme nous sommes ,
Insoucieux , naïfs , sans trop nous alarmer ,
Berçons-nous, mon Elise.... illusion , délire ,
Rêverie, abandon , ou langoureux martyre ,

V.

Quel qu'il soit... ignorons.... ignorons pour aimer !..

Ignorons tout , mon ange ,... et pourquoi donc t'ap-

prendre

Ce qu'au sein du bonheur l'on ne saurait comprendre

Que Dieu nous garde hélas ! de le connaître un jour !

Tu sais bien cependant, que donner son amour

C'est donner toute une ame... et notre ame immor-

telle,

Se brise quand s'éteint la meilleur étincelle

Qui la faisait brûler. Ces longs pressentimens ,

Ce vague effroi, par qui, vers la haute demeure ,

Tes beaux yeux se tournaient avec ravissemens....

Qui fait que tour-à-tour l'ame sourit et pleure ;

C'est l'amour !... c'est l'amour , aliment éternel

Qui faiblit ici bas , et s'en retourne au ciel

Rallumer son flambeau !... Lise , crains qu'il ne

meure!!.....

IV.

« Oh ! mon ami , jamais, jamais!... pose ta main...

Là.... sur mon cœur!... que dis-je?... en ma couche
glacée

Ton amour me suivra.... c'est ma seule pensée...

Notre espoir, mon bon ange, a plus d'un lendemain! »

❀

Elle dit : tendrement je l'embrassai ; soudain

Une figure pâle , à travers le feuillage ,

Comme un spectre paraît.... ses regards flamboyans

Se fixaient sur Elise , et semblaient suppliants....

Un frisson me saisit comme un souffle d'orage ,

Mes bras la dérobaient, la cachaient... quel présage !

V.

LECTURE.

— Que de fois depuis lors j'ai baigné de mes pleurs,

Ces pages qui m'ont fait dans son ame cruelle

Lire sa trahison.... sa honte.... mes douleurs !...

Je poursuivais ainsi (ma mémoire est fidelle).

LA FUITE.

Fragment d'un roman en vers.

I.

. . . .

. . . .

. . . .

« L'aurore se levait ; ses rayons empourprés

» Glissaient au loin sur la pâle verdure

» Paméla vient, sans apprêts, sans parure :

» Ses traits par le chagrin semblent décolorés,

» Sur ses beaux cheveux blonds en perles déposée

» Humide encore, tremble une fraîche rosée,

» Goutte à goutte tombant comme tombent nos pleurs.

» Son front est mi voilé d'une gaze soyeuse,

» Où, du jour qui surgit l'amante gracieuse

» Se plaît à refléter des roses et des fleurs,

» Sur ses cils allongés expire à peine un songe,

» Pour chercher son ami son regard se prolonge.

» Vers son amante, Alfred, joyeux portait ses pas,

» Mais elle tout-à-coup se jetant dans ses bras

» Et le front coloré d'une rougeur aimable :

» On nous a vus, dit-elle, à deux, ne trompe pas

» Celle qui t'aime Alfred... ne suis-je assez coupable?

» Nos parens courroucés, à mon prochain retour,

» Vont bien gronder, sais-tu!... ma mère est in-

quiette,

» Elle doit se mourir ! c'est toi.... c'est mon amour

» Qui me perd.... Oh ! j'ai mal , retournons je suis

prête,

» Retournons , je le veux. »

« Paméla , calme toi,

» Vois que le ciel est beau ; vois , sa voute azurée

» Du jour qui vient de naître étendre la durée,

» Le soleil d'aujourd'hui sera si doux pour moi !

» Reste , reste un moment , reste ma bien aimée,

» Que je respire encor ton haleine embaumée....

» Nous sommes seuls , qui peut , d'un regard envieux

» Assombrir les instans de nos chastes délices,

» De notre plaisir pur nuls témoins , que les cieux,

» Hâtons-nous de jouir de ces heures propices !...

» Mais pourquoi donc ton front se penche-t-il rêveur,

» Oh !... Paméla , tu parais accablée

» Crois-moi bannis de ton ame troublée

» Tous les pensers qui font fuir le bonheur. »

— « Il dit : et l'entraîna dans un lieu solitaire

» Où souvent ils venaient rêver avec mystère,

» On entendait de loin le murmure d'une eau

» Qui roulait par flocons du haut d'une colline ;

» Le rossignol caché sous la fraîche aubépine

» N'enchantait point encor le bois ni le côteau.

— Paméla le suivait interdite et pensive,

Dans ses yeux bleus roulait une larme furtive.

« Paméla, dit Alfred, sur ce banc de gazon

» Viens, reposons-nous ; toi, tandis qu'à l'horizon

» L'astre du jour se lève et que sa lueur pure,

» Comme un baiser de mère éveille la nature,

» Épanche dans mon sein tes secrètes douleurs.

» Si j'ai pu les causer. J'essuyerai tes pleurs

» Parle : »

    — « Oh ! si tu savais, mon ami, mon bel ange

» Quel someil agité j'ai souffert cette nuit,

    » Si tu savais quel songe étrange

» A mes esprits tremblans deux fois s'est reproduit,

» Va, tu prendrais pitié de ma sombre tristesse,

» Mais ne m'accuse point.... tu connais ma tendresse,

» Écoute : »

II.

LE SONGE (Paméla).

« Je marchais. .. sous un ciel tout d'azur,

» Un autel s'élevait à l'ombre d'un feuillage ;

» Dans le cristal d'un lac, sans ride et sans nuage,

» Je croyais voir briller notre bonheur futur,

» Oh ! que j'aurai voulu, de mon ame ravie,

» Oui te communiquer le suave transport,

» Ce délire enchanteur qui ranima ma vie

» Pour t'apporter un peu de mon beau songe d'or....

» J'étais belle et parée ainsi qu'au jour de fête,

» Ainsi qu'au jour d'hymen, des fleurs ornaient ma

tête,

» Tout-à-coup je sentis et mon corps frisonner

» Et palpiter mon cœur, une force inconnue

» Étreindre, captiver ma tendresse ingénue,

Puis au son d'une voix ma main s'abandonner....

Les yeux baissés, l'ame brûlante
» J'arrivais à l'autel, Alfred excuse moi,
» Mon beau songe n'est plus qu'un songe d'épouvante,
» J'arrivais... une main, presse ma main tremblante,
» Je soulève mes yeux.... et ce n'était point toi,
» Comme un spectre couvert d'une pâleur extrême,
» Toi, tu me contemplais. — Je jette un cri d'effroi,
» Dans tes bras je m'élance, émue, hors de moi-même,
» Oh!... tu m'as repoussée, en criant : anathème
» Anathème, vengeance!. et mon sang à grands flots.. »

. . . .

. . . .

III.

SOUVENIR (Réalité.)

— Ma lecture cessa. J'en étais à ces mots,
Quand, tout-à-coup, Elise,

Placée auprès de moi, surprise

De ce récit mystérieux

M'arrache le roman d'un regard curieux

L'interroge long-temps dans un morne silence.

Vis-à-vis d'elle, assis avec indifférence,

Un jeune homme sur nous avait l'œil attaché

Ses sourcils étaient noirs, son front haut, détaché

Mais empreint de tristesse et de mélancolie ;

De longs cheveux épars rembrunissaient ses traits

Dont la molle harmonie offrait quelques attraits

Cependant sa paupière affaiblie

Ne jetait plus ce feu qui décèle l'ardeur....

La bougie éclairait sa lueur vacillante

Épandait sur son front une sombre pâleur

Qui semblait réfléchir une ame encor brûlante.

IV.

Elise lui passa le roman, il l'ouvrit

Y plongea quelque temps un regard immobile

Puis, s'inclinant vers moi, d'un air froid et tranquille,

Sans prononcer un mot, sans dédain, me l'offrit.

« — Ce roman, m'écriai-je, a donc bien de l'empire,

» Qu'un songe vous effraie. » — Eux, calmes et muets,

Dans leur cœur infernal étouffant leurs secrets,

Me regardaient....

v.

Hélas, quel était mon délire

Malheureux ! j'ignorais que l'on pût sur un jour

Briser toute une vie, unie à tant d'amour...

Insensé !... mais jouir d'une longue ironie

Se livrer sans remords à son mauvais génie

Pour mieux jouer celui vers qui l'on tend les bras,

Lui sourire, semer des roses sous ses pas ;

Par des liens de fleurs attacher sa victime,

La tenir en suspens sur le bord de l'abîme,

Puis, (quand se croyant loin de son dernier soupir,

A ses songes dorés, elle, tout ame, aimante,

Se livre avec transport, s'abandonne innocente,

Lui plonger lâchement un poignard sans frémir,

La pousser dans le gouffre éperdue et sanglante....

N'est-ce pas c'est affreux!... Ils auraient dû mourir!!!.

Cambrai, 29 Avril 1850.

VI.

INCONSTANCE.

Jamais aucune amour ne se verra si forte
Que la longueur du temps à la fin ne l'emporte.

AMADIS JAMIN. (1575.)

I.

Pourquoi, lorsque plongé dans l'extase et l'ivresse
Assis à tes côtés, prodiguant ma tendresse,
Parmi l'obscurité de mes baisers brûlants
Pressant ta belle main, à la mienne enlacée
Ai-je senti sur elle hélas! des pleurs roulants?...
Ai-je entendu soudain ta poitrine oppressée,
Former confusément des soupirs des sanglots
Comme on entend de loin le murmure des flots,

* *

Présager à bruits sourds l'approche de l'orage,

Pourquoi de tes cheveux, les flexibles anneaux,

Ont ils voilé tout-à-coup ton visage

Comme de funèbres rameaux ?...

II.

Oh ! que n'ai-je pu lire en ton ame éperdue,

Le trop fatal secret qui pesait sur ton cœur !

Tu murmurais tout bas et vivement émue :

« O mon Dieu !... n'est-ce pas... pour trouver le
bonheur

» Il faut toujours s'aimer. — Et puis tes mains trem-
blantes

S'échappaient malgré moi de mes lèvres ardentes.

Comme pour écarter un fantôme hideux,

S'allongeaient sur ton front et rencontraient des larmes...

Et puis tu reprenais : — Jamais... jamais heureux!! »

Tout fut dit, ô momens de cruelles alarmes,

— Son front appesanti s'appuya sur mon sein,

Moi, je demeurai pâle, immobile, incertain,

Accablé sous le poids d'une horrible souffrance,

Muet.... mort!... mais bientôt un long torrent de
pleurs

De soupirs, réveilla ce lugubre silence,

Mon être tout entier révéla ses terreurs :

III.

— J'imputai ces discours au souvenir terrible

D'un amour près d'un autre, autrefois malheureux,

Je croyais aux soupirs d'une ame trop sensible,

Qui concentrant en elle à la fois tous ses feux,

Invoquait le bonheur au sein du bonheur même.

« Calme-toi, lui disai–je, ô toi mon bien suprême,

» Dispose de mes jours pour ta félicité,

» Oui s'il peut être encore un espoir sur la terre,

» Un remède à nos maux.... un délice enchanté

» Crois qu'il est dans l'amour!.. et le notre est sincère,

» Du moins, — Réponds Elise, » — A ces mots dans
ses bras

Elle me tint serré, son pouls était rapide,

Une larme roulait dans sa paupière humide,

On eut dit que son cœur se livrait maints combats,

Nous restâmes long-temps à confondre nos larmes,

Nos baisers... nos soupirs, ainsi que deux amis

Qui vont se séparer, restent long-temps unis,

Dans leurs embrassemens trouvent encor des char-

mes....

IV.

Je me laissais aller, à mes tendres transports,

S'il eût fallu pour elle abandonner la vie

Je l'eusses fait!!.... C'était lorsque sa perfidie

Arrachait pour jamais ces généreux efforts!...

Pleurs, sanglots, vous n'étiez qu'un dernier sacrifice,

Un remord hypocrite offert à mon amour!....

Que dis-je dans son cœur comme un léger caprice

J'avais passé.... chéri, rejeté tour-à-tour....

Ainsi dès le matin brille, s'efface ou glisse,

Le rayon incertain qui promet un beau jour....

pour moi nulle clarté n'éclaira ma souffrance,

J'aurai vu mon printemps, sous la froide inconstance,

Se fâner.... j'aurais vu mes riantes couleurs

Devant moi s'envoler ainsi que l'espérance,

Et, de tout ce qui berce une jeune existence,

Rien, rien n'aura resté de réel.... que mes pleurs!...

Fragile sentiment, prestige d'un fol âge,

Amour!... reçois ici mon éternel adieu;

Trop long-temps j'ai suivi ton décevant mirage,

Je n'ai vu que désert!... et s'est accru ma rage.

V.

DÉSESPOIR (août 1829).

Car j'ai maudit ton nom, Elise, et dans ce lieu

Mon ame, par ton ame indignement flétrie,

Sur les bords du néant s'est dit, insultant Dieu :

« Tout n'est qu'illusion, chimère, rêverie;

» Et malheur au mortel qui vous consacre un cœur,

» O femmes, vierge encore d'amour et de candeur.

» Ah ! plutôt sur ce globe apportons la bassesse,

» Plongeons-nous dans l'ivresse,

» Rions des soupirs et des pleurs,

» Rions de la folle tendresse,

» Foulons gaîment aux pieds les plus timides fleurs,

» Après avoir goûté leurs parfums, leurs fraîcheurs !

» Sans remords, sans tristesse,

» Assayons-nous dans les festins.

» Gorgeons-nous de mets et de vins,

» Et comme de francs lutins

» Poussons des chants d'allégresse,

» Que les plaisirs soient désormais nos dieux !

» Si parfois l'amour, dans le monde,

» La vertu, près du vice immonde

» Paraît jetant un éclat radieux

» Saluons de pitié.... puis détournons les yeux,

» Rentrons dans notre orgie et de nos fronts ciniques,

» Fesons tomber sur eux des rires sataniques,

» Pour jouir de la vie il ne faut plus sentir,

» Il faut cacher son ame, ou savoir l'abrutir !!!. »

VI.

— Je disais : sur ma tête égarée et brûlante,

Ma main passait, passait.... mais, tâche renaissante,

Il ne s'effaçait point.... c'était un souvenir....

Malheureux, rien n'a pu chasser ce noir fantôme

Il t'assiégeait partout ; la nuit à ton chevet

Il allait se rasseoir, terrible en son aspect

Et puis semblable au roi de l'infernal royaume

Il venait ricaner tes jeux et tes plaisirs,

      Te jeter, scintillante flamme,

      Le haut sentiment de ton ame,

Te dire : va, poursuis, satisfais tes désirs,

Sois lâche, incestueux, sobre, vertueux même

Le ciel sur tous tes jours a lancé l'anathème

Tu seras abreuvé de fiels et de soupirs !!!.

VII.

— Et moi je me suis dit en épandant de larmes :

O mon Dieu soutiens moi dans l'excès de mes maux,

Puisque je dois souffrir jusqu'au sein des tombeaux
La vertu !... Vaut l'amour, sa folie et ses charmes
Par elle rien d'amer n'est entré dans le cœur ;
Et l'homme sans remords est bien près du bonheu

Cambrai, 18 Mai 1854.

VII.

UNE LETTRE.

———

J'avais donc dix-huit ans , j'étais donc plein de songes ,
L'espérance en chantant, me berçait de mensonges.
VICTOR HUGO.

Est-il vrai que ces tristes plaintes
Soi tissent d'un cœur inconstant.
L'Abbé DESPORTES.

Olivier !... j'ai bien tort,... j'ai vu couler tes larmes ,

Hier ;... n'est–il pas vrai ton cœur doit me haïr ?...

Mes reproches amers et mes folles alarmes

Etaient bien faits , ami , pour te faire mourir !...

Oh !... va, ne m'en veux point.... frapper celui qu'on

aime ,

C'est vouloir se frapper..... je l'ai senti moi-même.

Et, durant cette nuit horrible en ses lenteurs

Si tu m'avais surprise à répandre des pleurs,

Et savais sous quel poids ma poitrine oppressée,

Sur la couche brûlante étouffait en soupirs,

Si dans mon cœur brisé par mille souvenirs

En pénétrant soudain, le feu de ta pensée

Eût conçu mes remords, ma honte, ma douleur

Je le crois.... Olivier.... tu m'aimerais encore,

Pourtant, me suis-je dit, ma souffrance.... il l'ignor

Et j'ai perdu mes droits au pardon de son cœur!...

Adieu!... cher Olivier!... je garde tout dans l'ame.

Si tu dois me revoir, je rendrai tour-à-tour

Et sanglots et remords, et ce sublime amour

Qui me consumera d'une éternelle flamme.

*** **

Cambrai, 10 Mars 1826.

———

— Je l'ai revue.... hélas! son amour s'est éteint

Comme un son affaibli, comme un soupir lointain

D'une ombre fantastique ou d'un vague génie,

Et tous ces mots d'amour, jetés au gré des vents,

Je les ai consacrés comme des monumens

D'une amère ironie !

Cambrai, le 10 Mars 1854.

VIII.

Dieu quel rêve !

Et son cœur desséché s'abreuva de mes pleurs,
Et je la vis sourire à mes vives douleurs,
Et je cherchai long-temps dans mon âme flétrie
Une source d'amour qui ne fût point tarie;
Les cieux s'étaient fermés.... et contre mon destin
Malheureux, je luttais, et je luttais en vain.
Tout s'était englouti dans un même naufrage,

9

Religion, amour, espérance, courage...

Elle m'enleva tout, sans croire me trahir,

Sans pitié, sans remords.... et je pensai mourir.

I.

— Mais mourir!... Et pourquoi? pour qu'en so

vain délir

Elle, sur mon tombeau jette ses yeux distraits,

Et dise en souriant : « après son long martyre

Je le retrouve encor, fidèle à mes attraits. »

— Et bientôt, le mépris sur ma lèvre brûlante,

Ranima par degrés mon haleine expirante;

Je vécus pour haïr, pour briser dans mon cœur,

Ces sentimens sacrés qui faisaient mon malheur,

Sur les bords de la tombe où j'allais disparaître

J'étudiai le monde, et j'ai su le connaître

Lorsqu'il n'était plus temps.... mais déjà mon des

Pour quelqu'enfant peut-être éclaircit le chemin.

Oh! si je puis encor rassembler dans mon ame

Tous ces rayons épars d'une divine flamme,

Si l'amitié du moins, devant les saints autels

Venait me convier à des nœuds solennels....

De ce monde imposteur j'ai sondé les abîmes

J'aurai dans ma mémoire enregistré ses crimes,

Et si (veuille le ciel!) si d'un fils ici bas,

Il m'est un jour donné de diriger les pas :

II.

« Cher enfant, lui dirai-je, ô toi, qui vois encore

» Ton astre se lever brillant à son aurore,

» Et dégageant en paix un disque radieux

» De ses premiers rayons dorer déjà les cieux,

» Toi, pour qui l'avenir si rempli d'espérances

» Déroule ce bonheur vers lequel tu t'élances

» Plein de foi, plein d'amour, ô mon fils, entends

moi;

— » Cette fausse clarté qui surgit devant toi,

» Va s'éteindre bientôt en des flots d'amertume.

» En vain, contre le sort ton courage s'allume,

» Tu ne demandes rien qu'aimer et que savoir,

» Et transporté soudain d'un chimérique espoir ;

» Tes yeux ont dévoré les écrits de nos sages,

» Tu les suis plein d'ardeur jusques aux premiers âges

» Et quand tu crois cueillir le fruit de tes labeurs,

» La science te dit : « En moi, tout n'est qu'erreurs »

» Mais il te reste encore une âme qui soupire,

» Tu regardes le monde, il te semble sourire,

» Tu lui tends en tremblant ta main craintive encor

» Il t'avance la sienne, et tu prends ton essor.

» Poursuis, va malheureux ! cette main qui te presse,

» Qui semble te guider avec tant de tendresse,

» Qui te fait palpiter et d'espoir et d'amour,

» Oui, c'est l'ongle acéré du stupide vautour

» Qui s'attache sur toi, comme sur une proie ;

» Le vois-tu, dans ton sang, où son âme se noie,

» Chercher en ricanant sa vie et tes douleurs ;

» Le vois-tu, ranimant ses ignobles fureurs,

» Te poursuivre éperdu jusqu'en tes funérailles,

» Et déchirant ton cœur, du fond de tes entrailles

» Respirer le bonheur et ton dernier soupir.

III.

» O mon fils, sauve-toi ; mais, de ton avenir,

» Pourquoi te dérouler les pages redoutables?...

» Va, le destin t'emporte en ses mains implacables,

» Tu vogues sur un fleuve où l'homme sur les flots

» Livre aux vents du hasard sa vie et son repos »...

— L'éclair éclate en vain du sein des noirs orages,

L'écueil lève son front fameux par cent naufrages,....

Lui,... suit, inattentif aux leçons du passé,

Le doux songe d'amour que son âme a tracé,

Et, pressant dans ses bras le seul être qu'il aime,

Il semble en son bonheur défier le ciel même ;

Jusqu'au jour du réveil, jusqu'au jour du remords,

Jusqu'au jour, où du sein de ses joyeux transports,

Celle qui fut son dieu, qui berça sa jeunesse

De ces songes si pleins et d'amour et d'ivresse,

Qui pouvait, dans l'hymen plein d'un si doux espoir,

A côté du plaisir lui montrer le devoir,

Et loin d'un siècle affreux entraînant sa belle ame,

Lui faire enfin sentir que l'amour d'une femme,

Par un sentier de fleurs, conduit à la vertu,

Elle.... elle l'abandonne, et le voilà perdu!

IV.

Et perdu pour toujours! car, à ses yeux le monde

Se découvre plongé dans une fange immonde,

Et dans son sein rongé de honte et de dépit,

Une voix infernale à jamais retentit :

« Venge-toi! car l'honneur, la bonté, la franchise,

» Sont les vertus d'un sot qu'ici bas l'on méprise.

» Venge-toi! la douleur, les larmes et le sang,

» L'aspect des maux versés sur un être innocent,

» Deviendront un dictame au feu qui te dévore.

» Venge-toi!!.... » Mais déjà, d'un monde qui

l'abhorre,

Oubliant les fureurs, comme Dieu sur la croix,

Peut-être entendra-t-il de plus sublimes voix;

Ah! peut-être qu'alors du fond de sa misère,

Son cœur, navré de pleurs, aura quitté la terre

Et cherché dans le ciel, en son triste abandon,

D'un Dieu consolateur l'amour et le pardon....

———

— Et moi j'ai pardonné!... celle dont l'inconstance

A flétri sans remords la plus douce existence,

Celle dont les sermens, comme un songe trompeur,

Se sont évanouis loin, bien loin de son cœur,

N'a pas vu sur son front ma voix accusatrice,

Pour venger mes tourmens, invoquer un supplice.

Non, j'ai prié.... pour elle! et mes derniers adieux,

Pour moi l'aimer encor, l'ajournent dans les cieux!

Cambrai, le 13 Juin 1834.

TABLE.

Poésies.

Souvenirs.

———